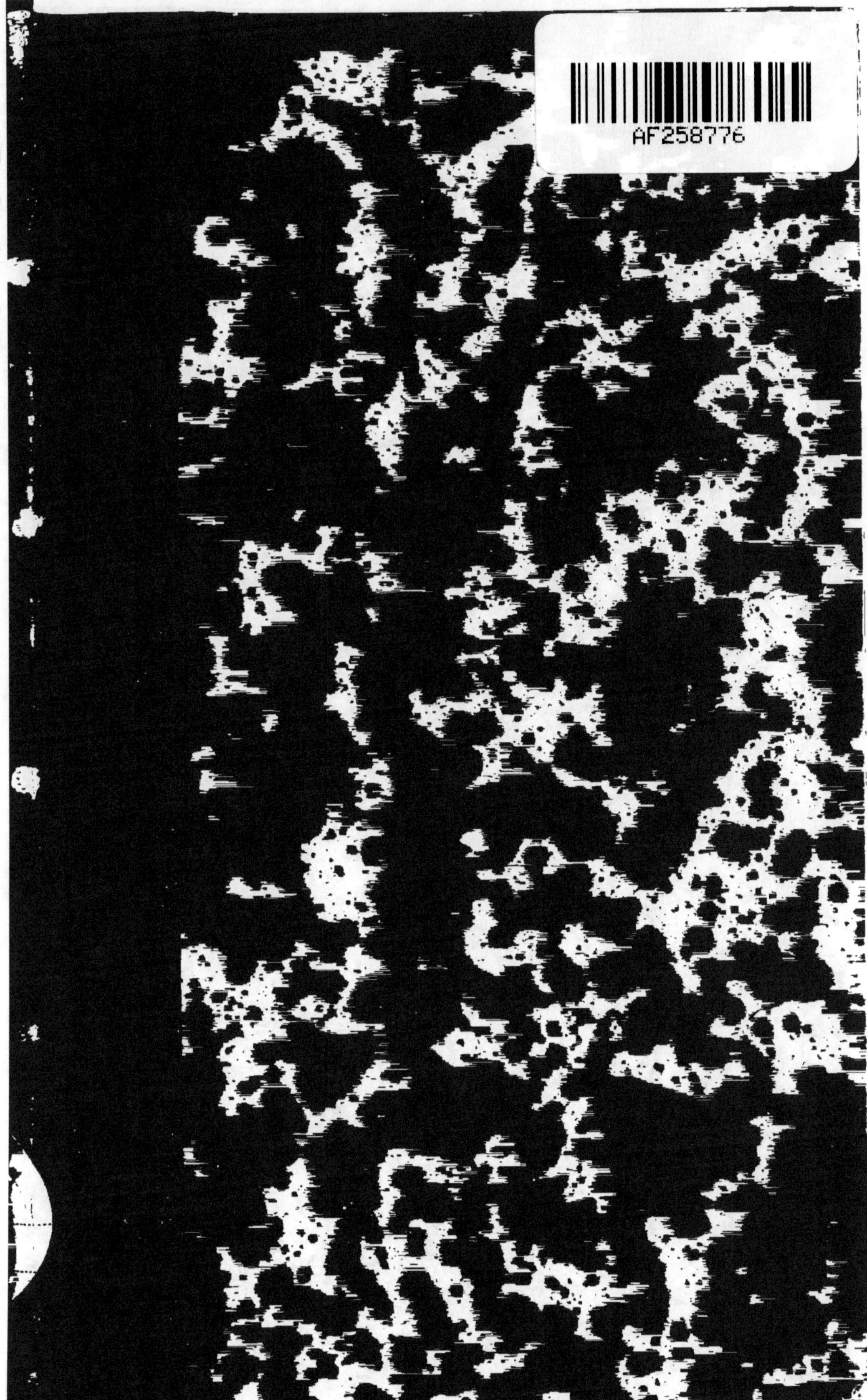
AF258776

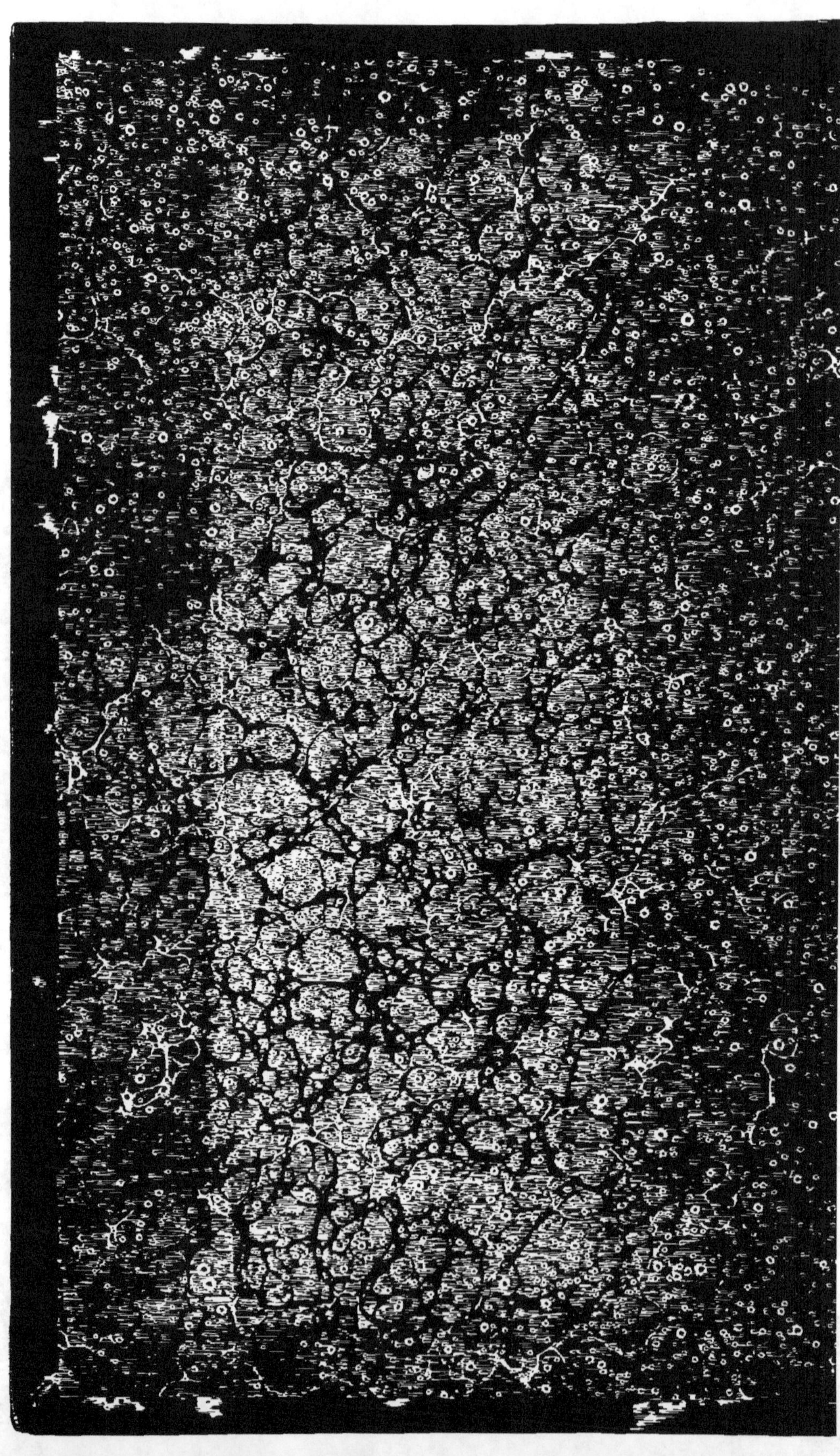

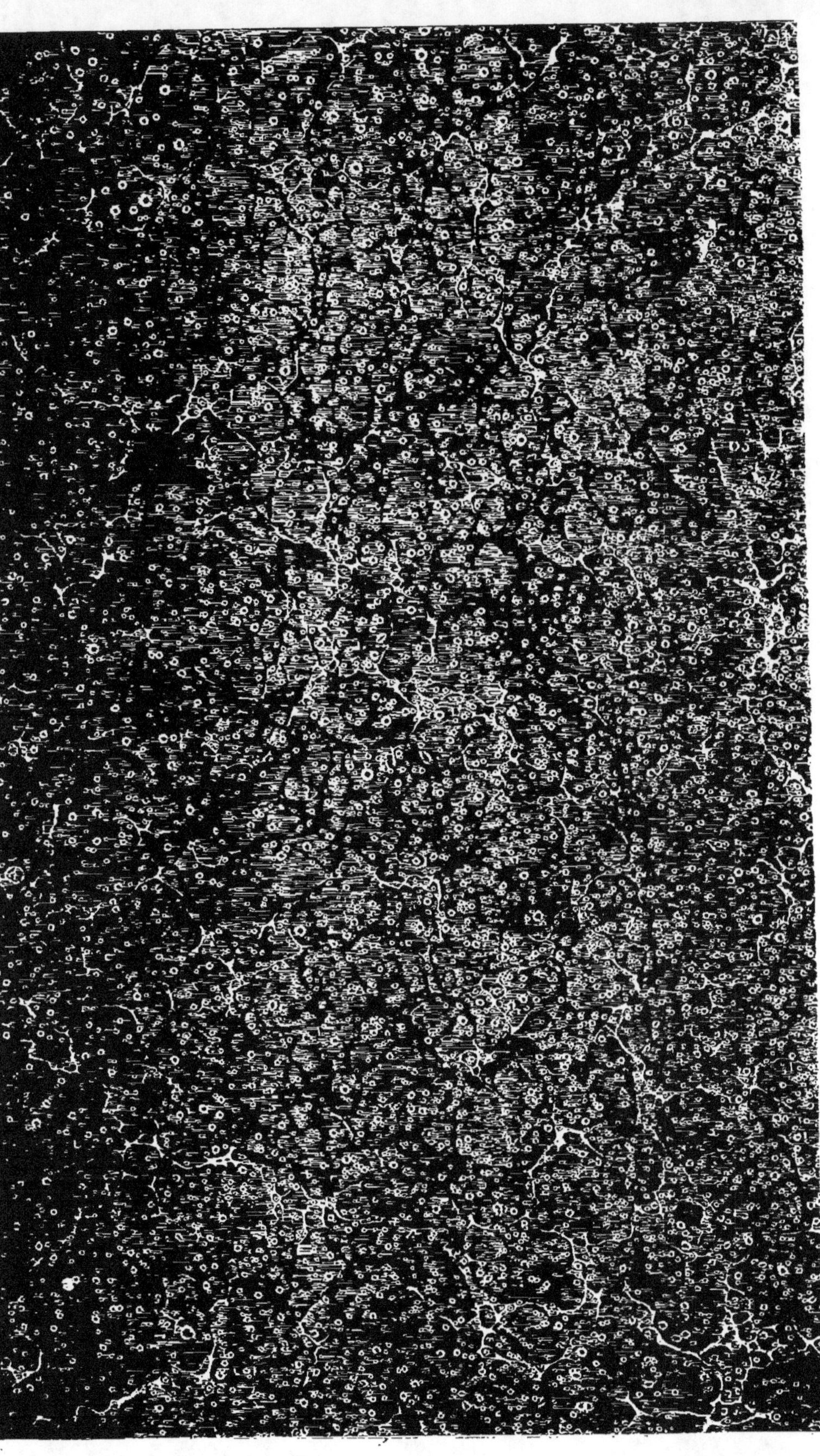

RELATION

DE LA

DÉPORTATION À CAYENNE

DES

CITOYENS BARTHÉLEMY, PICHEGRU,

&c. &c.

RELATION

DE LA

DÉPORTATION À CAYENNE

DES

CITOYENS BARTHÉLEMY, PICHEGRU, WILLOT, LA RUE, &c.

A la Suite de la Journée du 18 Fructidor, 5me Année.

CONTENANT

Plusieurs Faits Importans relatifs à cette Journée, et au Voyage, Séjour, et Evasion de quelques-uns des Déportés.

PAR LE GÉNÉRAL RAMEL,

Ci-devant Commandant de la Garde du Corps Législatif, et l'un des Déportés.

HAMBOURG:

ET SE TROUVE À LONDRES, CHEZ J. WRIGHT, PICCADILLY.

1799.

RELATION,

&c.

JE suis enfin sur le continent d'Europe,
et je quitte une terre hospitalière où
mes compagnons d'infortune et moi,
avons reçu un accueil également ho-
norable au gouvernement qui l'a offert,
et aux victimes de la tyrannie qui en
ont été l'objet. Cependant la plus juste
reconnoissance n'a pu me fixer au milieu de nos généreux ennemis; je les
estime assez pour être persuadé que les
motifs qui m'ont engagé à refuser l'asile
qu'ils m'offroient, m'ont concilié leur
estime. Ce n'est pas, je veux le croire,
contre notre patrie, ce n'est pas contre
la France, mais contre les tyrans qui
la tiennent aux fers, que l'Angleterre
poursuit la guerre. Ce sont cependant
des soldats François dont le sang vient

A

d'être

d'être versé sur les flots et va de nouveau couler sur nos frontières. J'ai
partagé leurs travaux et leurs dangers,
et je serois encore dans leurs rangs, si
je n'en avois été arraché par la violence.
Je ne veux épouser d'autre cause que
celle de l'indépendance nationale, et
n'aurai jamais d'autres compagnons
d'armes que des François, armés pour
la liberté de leur pays. Ainsi le sentiment d'une éternelle gratitude s'accorde
dans mon cœur avec celui de l'invio-
labilité de mes devoirs, et c'est pour
faire éclater l'un et l'autre, en rendant
hommage à la vérité, que je publie cette
relation.—On y reconnoîtra aisément
le style d'un soldat, qui n'a pris part à
de grands événemens qu'en raison de
la place qu'il occupoit, mais qui n'étant
jamais sorti du cercle étroit de son devoir, ne veut pas que les tyrans qu'il
déteste,

déteste, et les intrigans qu'il méprise, tracent son rôle et marquent sa place au gré de leurs passions ou de leurs intérêts. Si tous ceux qui ont eu le malheur d'être acteurs dans les scènes de la révolution Françoise, déposoient ainsi pour la postérité les faits seulement dont ils ont été témoins, il resteroit après eux des matériaux pour l'histoire, où ceux qui chercheront un jour la vérité, au milieu des contradictions sans nombre, trouveroient des pièces revêtues d'un caractère d'authenticité qui n'appartient qu'au témoignage d'une conscience sans reproches.—Je n'ai pu conserver pendant mon exil que des notes, qui ont aidé ma mémoire, affoiblie par la maladie, à rétablir l'ordre et la chaîne des événemens; plusieurs détails m'auront sans doute échappé, mais les faits principaux, les traits les

A 2

plus

plus intéressans se trouveront rapidement exposés. Ce seront les faits tous
nus, l'affreuse vérité: bien loin d'y
rien ajouter, j'éviterai même les plus
simples réflexions : en retraçant ces
funestes images, je repousserai les ressentimens qu'il leur seroit permis de ré-
veiller. Mon cœur est trop plein des
malheurs de ma patrie, des infortunes
de ma famille et de la situation affreuse
où j'ai laissé plusieurs de mes compagnons d'infortune, pour que la haine
et la vengeance puissent y trouver
place.

J'étois depuis 1792 adjudant-général de l'armée du Rhin, sous les ordres
du brave général Dessaix, et spéciale-
ment chargé du commandement du
fort de Kehl, assiégé par le Prince
Charles, lorsque je reçus du Directoire l'ordre de me rendre à Paris pour y
prendre

prendre le commandement de la garde
du Corps Législatif, auquel le choix
des deux conseils m'avoit appelé. Ce
corps de grenadiers, d'abord composé
d'un bataillon de huit cents hommes,
venoit d'être porté à deux bataillons
de 600 hommes chacun. Le fonds de
ce corps étoit celui des grenadiers de
la convention. Il suffit de se rappeler
l'époque à laquelle il fut formé pour
juger de l'esprit qui y régnoit, et de la
nécessité d'une réforme : j'y travaillai
sans relâche. La nouvelle formation,
et le complétement par d'excellens
grenadiers choisis dans toutes les armées, m'en donnèrent les moyens.
Je fus si bien secondé par le zèle des
deux commissions et par les ministres,
qu'en dépit des cabales des Jacobins,
je parvins à rétablir la discipline dans le
service, et l'ordre dans l'administra-

tion.

tion. Souvent attaqué, j'ai eu plus d'une occasion de faire connoître ma fidélité à la constitution, aux amis et aux ennemis du gouvernement. Il en résulta ce à quoi je devois m'attendre; je déplus également aux deux partis extrêmes. Tant que la marche des affaires fut dirigée par des hommes sensés, je n'eus à me défendre que contre d'obscurs scélérats qui travailloient sans cesse à corrompre les grenadiers et s'efforçoient vainement de me rendre suspect; mais après le dernier renouvellement du Corps Législatif, à mesure que les discussions s'animèrent, et surtout lorsque le Directoire porta le feu partout, par l'intervention des adresses de l'armée d'Italie, je fus tourmenté de toutes parts; et les factieux surent profiter de l'agitation générale si favorable à leurs desseins.

Ils

Ils ne cachèrent plus leurs trames, je surpris leurs émissaires dans les casernes, dans les rangs ; tous les moyens de séduction étoient employés. En songeant aujourd'hui à la conduite que je tins, dans ces circonstances difficiles, je ne peux m'en repentir, puisqu'elle m'a valu la haine des méchans, et me servoit à tenir en bride les hommes trop ardens. Quelques-uns auroient bien voulu m'éloigner ; et le Directoire me fit offrir, peu de temps avant le 18 Fructidor, un autre poste et de l'avancement si je voulois donner ma démission. Par cela seul que j'étois résolu de rester fidèle à mon devoir, j'étois certain de finir par être victime de mon dévouement, et je ne pouvois attendre de justice d'aucun des partis qui s'attaquoient sans ménagement, mais seulement du petit nombre de ceux qui

  de-

devoient finir par être immolés à leur fureur. Content de l'estime des vrais patriotes, c'est à tous les hommes raisonnables qu'il appartient de juger si je l'ai mérité.

Déjà depuis plusieurs jours, sur les avis qu'avoient reçu les commissions d'inspection du palais des deux conseils, une plus grande vigilance m'avoit été recommandée ; j'avois pris toutes les précautions nécessaires pour n'être point surpris par la seule attaque qu'on parût craindre, celle des anarchistes qui, depuis quelque temps, remplissoient tous les lieux publics, et menaçoient hautement le Corps Législatif jusque dans l'enceinte confiée à ma garde. Le 17 au soir, lorsqu'après avoir visité mes postes, j'allai prendre les ordres des membres de la commission ; ils me parurent aussi peu disposés que les jours précéprecédens à croire que le Directoire voulut entreprendre de détruire le Corps Législatif, et qu'il osât diriger contre lui la force armée. J'entendis plusieurs députés, entr'autres *Emery, Dumas, Vaublanc, Tronçon du Coudray, Thibaudeau,* s'indigner de cette supposition, et de l'espèce de terreur qu'elle servoit à répandre dans le public. Leur sécurité fut telle qu'ils se retirèrent avant minuit, et furent suivis par ceux de leurs collègues que les avis particuliers avoient engagé à venir leur faire part de leurs craintes. Je retournai à mon quartier, et m'assurai que mes grenadiers étoient préts à prendre les armes. Le 18, à une heure du matin, je reçus du ministre de la guerre l'ordre de me rendre chez lui. J'allai d'abord à la salle des commissions. Un seul des inspecteurs, *Rovère,* que je trouvai

trouvai couché, y étoit resté. Je lui rendis compte de l'ordre que je venois de recevoir. J'ajoutai qu'on m'avoit assuré que plusieurs colonnes de troupes entroient dans Paris, et que le commandant du poste de cavalerie auprès des conseils venoit de me faire prévenir qu'il avoit retiré ses vedettes, et fait passer sa troupe au-delà des ponts; ainsi que les deux pièces de canon qui étoient dans la grande cour des Tuileries ; il faut observer que c'étoit d'après les ordres du commandant en chef *Augerau*, que l'officier de cavalerie refusoit de reconnoitre les miens, et avoit fait passer les ponts à sa troupe. *Rovère* me répondit que tous ces mouvemens de troupes ne signifioient rien, qu'il étoit prévenu que plusieurs corps devoient défiler de bonne heure sur les ponts pour aller manœuvrer, que je devois dévois être tranquille, qu'il avoit des rapports très-fidèles, et qu'il ne voyoit aucun inconvénient à ce que je me rendisse chez le ministre de la guerre, ce que je ne jugeai pas à propos de faire dans la crainte de me trouver séparé de ma troupe. Retiré chez moi, à trois heures et demie du matin, le général de brigade, *Poinçot,* ancien garde du corps avec lequel j'avois été très-lié à l'armée des Pyrénées, se fit annoncer de la part du général *Lemoine* et me remit un billet conçu en ces termes: ,, Le ,, général *Lemoine* somme au nom du ,, Directoire le commandant des grena- ,, diers du Corps Legislatif de donner ,, passage par le Pont-Tournant à une ,, colonne de 1,500 hommes, chargée ,, d'exécuter les ordres du gouverne- ,, ment." Je répondis à *Poinçot* que j'étois étonné qu'un ancien camarade

qui

qui devoit me connoître se fût chargé de m'intimer un ordre que je ne pouvois exécuter sans me déshonorer; il m'assura que toute résistance seroit inutile, et que mes 800 grenadiers étoient déjà enveloppés par 12 mille hommes avec 40 pièces de canon. Je répliquai que les forces dirigées contre le poste qui m'étoit confié ne me forceroient pas à rien faire contre mon devoir ; que je n'avois d'ordre à recevoir que du Corps Législatif et que j'allois les prendre. Dans l'instant j'entendis un coup de canon si près de moi que je crus qu'on attaquoit mes postes; mais ce n'étoit qu'un signal, je fis prendre les armes à mes grenadiers, et me rendis aux Thuileries accompagné des chefs de bataillons *Poussard* et *Pleichard*, excellens officiers en qui j'avois un juste confiance. Je trouvai à la commission des ins-

pecteurs

pecteurs les généraux *Pichegru* et *Willot.* J'envoyai des ordonnances chez le général *Dumas,* chez les présidens des deux conseils, *Laffond Ladebat,* pour les Anciens, et *Siméon* pour les Cinq-Cents : je fis aussi prévenir les députés dont les logemens m'étoient connus dans le voisinage des Thuileries : j'engagai le général *Pichegru* à venir reconnoître l'investissement que nous trouvâmes déjà formé ; je renouvelai au capitaine *Vallière,* commandant le poste du Carrousel, et au lieutenant *Leroy,* commandant celui du Pont-Tournant, l'ordre de tenir ferme, et de ne se retirer que sur un ordre signé de moi ; nous rentrâmes à la commission, et lorsque je demandois des ordres pour la disposition de ma réserve, une ordonnance vint rendre compte que la grille du Pont-Tournant étoit forcée.

Au

Au même instant les divisions *d'Augerau*
et de *Lemoine* se réunirent, le jardin
fut rempli de troupes des deux armées.
On dirigea une batterie sur la salle du
conseil des Anciens, toutes les avenues
furent fermées, tous les postes doublés
et masqués par des forces supérieures,
le seul poste de la salle du conseil des
Cinq-Cents, commandé par le brave
lieutenant *Blot*, avoit refusé d'ouvrir
les grilles, et de se mêler avec les
troupes *d'Augerau*. Dans cette extrémité, je demandai positivement l'ordre
de dégager la réserve des grenadiers, et
de repousser la force par la force ; les
députés me répondirent que toute résistance seroit inutile, et me défendirent
de faire feu ; il étoit alors 4 heures
et demie ; le général *Verdière* vint
signifier aux députés déjà réunis qu'il
avoit ordre de les faire sortir du palais ;

et

et d'en emporter les clefs au Directoire : le refus excita de vives alterca-
tions : *Verdière* insista et engagea l'un
d'eux à descendre dans le jardin pour
parler au général *Lemoine*. *Rovère*
descendit aussi, et je l'accompagnai avec
mes deux chefs de bataillon ; mais
nous ne trouvâmes pas le général
Lemoine sur la terrasse. Cependant *Verdière* conseilla aux députés de se retirer
pour leur sûreté ; et sur leur refus, il
ferma toutes les issues, et fut prendre,
dit-il, les ordres du Directoire. Je retournai à mon poste à la réserve des
grenadiers, d'où j'envoyai un homme
de confiance à la rencontre du général
Dumas pour le prévenir de songer à sa
sûreté. Il reçut cet avis au moment
où il se présentoit dans la cour de la
caserne des grenadiers, et j'ai appris
par mes compagnons d'infortune les

efforts

efforts qu'il fit pour se réunir à eux.
Il pénétra jusque sur la terrasse au
pied du pavillon où les troupes *d'Augerau* étoient en bataille, et après avoir
reconnu que les inspecteurs étoient
arrêtés, il alloit monter dans la salle
pour partager leur sort, lorsque ses
collègues lui jettèrent un billet pour
l'engager à se sauver : il eut le bonheur
de ramasser ce billet sans être aperçu,
et celui d'échapper aux sentinelles dont
la consigne étoit de ne laisser sortir personne de l'enceinte. A cinq heures et
demie, un aide de camp du général *Augerau* m'apporta l'ordre suivant : " il est
" ordonné au commandant des grenadiers
" du Corps Législatif de se rendre avec
" son corps sur le quai d'Orsay, où il
" attendra de nouveaux ordres. Signé
" *Augerau.*" Je refusai d'obéir. Je ne
pouvois plus avoir de communication

avec

avec les commissions bloquées et ar-
rétées dans le palais. J'attendois avec
ma troupe les ordres des deux conseils;
je dois rendre cette justice à mes grenadiers; jusqu'à ce moment, malgré la
position critique où nous nous trouvions, les rangs furent gardés avec le
plus grand calme, et je n'entendis pas
un seul murmure; je crois que, bien
loin d'être entraînés à la defection par
un petit nombre de factieux obscurs,
la saine majorité des grenadiers, eût
forcé ceux-ci de combattre glorieuse-
ment avec eux, si ma bonne fortune
m'eût fait recevoir l'ordre de repousser la violence par les armes. J'avois
fait former le cercle à mes officiers,
pour leur communiquer l'ordre d'*Augerau*, presque tous approuvèrent ma
conduite; ce fut l'instant que prirent
quelques factieux pour éclater. Le

B

capi-

capitaine *Tortel* s'écria, "nous ne sommes
„ pas des Suisses." Le lieutenant *Ménéguin*
osa se vanter d'avoir le plus contribué
à la révolte des Gardes Françoises. Le
sous-lieutenaut *Devaux* dit : „ Je me suis
„ battu, et j'ai été blessé le 13 Vendémiaire
„ en combattant contre Louis XVIII, et
„ je ne veux pas aujourd'hui me battre
„ pour lui." Un autre cria tout haut ;
„ les conseils travaillent pour le Roi, ce
„ sont des gueux à exterminer." Pendant
ces discours et les disputes qu'ils occa-
sionnoient entre les officiers, le désordre commença à gagner dans les
rangs. Le chef de brigade, *Blanchard*,
qui commandoit sous moi, et qui depuis deux mois n'avoit osé se montrer
parce que j'avois mis à découvert ses
intrigues, ses liaisons avec des hommes
de sang, et ses rapines dans l'administration du corps, parut tout à coup,

et

et me somma, à cause, disoit-il, du danger
où nous étions, de faire distribuer des
cartouches. Je fus indigné de sa lâche
impudence, et comme je me laissai emporter jusqu'à le lui témoigner vivement,
j'observai que les grenadiers parta-
geoient mon indignation, ces mêmes
grenadiers qui, une heure après, mar-
chèrent sous les ordres d'un officier
qu'ils méprisoient et le suivirent au Directoire . . . quelle leçon pour les
chefs de troupes ! ... Peu d'instans après
cette scène, je fis ouvrir les rangs pour
inspecter ma troupe qui faisoit encore
bonne contenance. J'arrivois à la troisième compagnie, lorsqu'aux cris re-
doublés de *Vive la République, Augerau*
parut à la tête d'un état major si nombreux, que la première cour de la
caserne en étoit remplie. Plus de 400
officiers de tout grade parmi lesquels

B 2

je

je reconnus des hommes justement fameux ; tels que *Santerre, Tunck, Yon, Rossignol, Pujet, Barbantane, Chateauneuf-Randon, Bessière, Fournier, Pâche,* la veuve *Rousin* en habit d'amazone, *Dutertre* et *Peyron* tous deux échappés des galères, en un mot l'écume des braves armées Françoises, et tous les chefs des bandes révolutionnaires pénétrèrent en un moment dans les rangs de mes grenadiers, en répétant le cri de *Vive la République.* En cet instant, *Augerau* vint droit à moi, et dans son cortège qui me sépara de ma troupe, j'aperçus *Blanchard* excitant ses dignes amis, et se mêlant avec eux dans les rangs. Parmi plusieurs cris sinistres, je distinguai celui-ci, "Sol-" dats, on veut faire de vous comme " des Suisses au 10 Août."—" Commandant *Ramel!* s'écria alors *Augerau,*

pour-

pourquoi n'avez-vous pas obéi aux ordres du ministre et aux miens ?" " Parce que j'en avois reçu de contraires du Corps Législatif."—" Vous vous êtes mis dans le cas d'être traduit au conseil de guerre, et d'être fusillé."—" J'ai fait mon devoir."—" Me reconnoissez-vous comme commandant en chef de la division ?"—" Oui."—" Eh bien, je vous ordonne de vous rendre aux arrêts."— " J'y vais." Je traversois la galerie de communication du quartier des grenadiers à mon logement, lorsque j'entendis qu'*Augerau* me suivoit avec une partie de son état major: parmi plusieurs menaces, je distinguai ces paroles: " Tu souffriras autant que tu as fait souffrir les autres."—" Je n'ai fait souffrir personne, mais j'ai su punir les brigands qui le méritoient." Comme en cet instant, il me serroit de près, je portai

la

la main sur la garde de mon épée ; mais
toute la bande fondit sur moi, mon
arme fut brisée, je fus traîné, dé-
chiré. Le plus acharné de mes assassins étoit un sergent de grenadiers appelé *Viel*, que j'avois envoyé aux arrêts quelques jours auparavant ; il
cherchoit dans la mêlée à me plonger
son sabre dans le corps. Ce fut à
Augerau lui-même, que je dus de n'être
pas égorgé ; il parvint à me dégager
en criant avec force ; " laissez, laissez, ne
le tuez pas, je vous promets qu'il sera
fusillé demain." Ces brigands déchirè-
rent mon chapeau qui étoit tombé dans
cette lutte, mais non pas, comme on l'a
dit, les marques distinctives de mon
grade, c'est de sang qu'ils étoient altérés.
Un domestique fidèle, accourant au devant de moi, fut sabré au visage, et se
sauva couvert de blessures dans la
chambre

chambre de ma femme. Parvenu chez moi, on ne me permit pas d'arranger mes affaires ; je fus conduit presqu'immédiatement au Temple avec mon frère *Henri*, qui demanda et obtint la permission de m'accompagner. Le geolier de cette prison dit, en nous recevant : "En voilà donc un, il faut mettre Monsieur dans la chambre des *opinions*." C'étoit celle qu'avoit accupé l'infortuné Louis Seize, et je n'espérois pas d'en sortir autrement que lui. A 8 heures et demie, le geolier vint m'annoncer qu'on venoit d'amener les députés arrêtés à la commission des inspecteurs. On les fit aussi monter dans l'appartement du Roi, et on laissa libre la communication avec les chambres qu'avoient autrefois occupé la Reine et les Princesses. Les représentans arrêtés étoient *Piche-gru, Willot, d'Auchy de Loire, Jarri,*

Lamé-

Lamétrie, *Larue*, *Bourdon de l'Oise* et *Durumas*; nous trouvâmes au Temple le commodore *Smith*, *la Vilheurnois*, *Brothier* et *Duverne du Presle*, mais ce dernier fut transféré à la Force au moment de notre arrivée ; à midi, on amena le député *Aubry* ; à 3 heures et demie, *Laffon Ladebat*, président du Conseil des Anciens, *Tronçon du Coudray*, *Marbois*, *Goupil de Prefeln*, tous du même conseil. Ces derniers furent arrêtés dans la maison de *Laffon Ladebat*, sous prétexte qu'ils formoient un rassemblement séditieux. On les conduisit d'abord chez le ministre de la police *Sottin* ; ils se plaignirent de la violence exercée sur des représentans de la nation, et ils demandèrent l'exhibition des ordres du Directoire. *Sottin* leur répondit ironiquement, " Il est fort inutile que je vous les produise, vous sentez bien, Messieurs,

Messieurs, que, quand on est venu
là, il est égal de se compromettre un
peu plus ou un peu moins." Le 19, nous
apprîmes les détails des séances de la
minorité des deux conseils tenues sous
les yeux du Directoire, et la loi qui
nous condamnoit, sans motif, sans juge-
ment, à être déportés dans le lieu fixé
par le Directoire lui-même : ce juge-
ment nous surprit ; nous n'avions pas
douté, d'après la violence de notre
arrestation, qu'on ne nous préparât
sous des formes militaires un supplice
moins long, et par conséquent plus
doux. Ceux des députés emprisonnés,
mais non proscrits, furent mis en liberté, c'étoit *Goupil de Préfeln, Lamétrie,
Dauchy, Jarry* et *Durumas*. Le 20, le
général *Augerau* donna un ordre conçu
en ces termes : „ Il est ordonné au géné-
„ ral Dutertre, commandant au Temple,
„ de

„ de ne permettre la communication
„ avec les déportés à aucun homme,
„ quel que puisse être l'ordre dont il soit
„ porteur et l'autorité qui l'auroit don-
„ né ; à moins que le dit ordre ne soit
„ signé de moi." (Ce Dutertre sortoit depuis un mois des galères de Toulon où
il avoit été mis, en exécution du juge-
ment d'un conseil de guerre pour crime
de vol, assassinat et incendie, commis
dans la Vendée.) Ce jour-là même, il
fut permis à nos femmes de venir au
Temple. Que de scènes déchirantes,
que de cruelles séparations ! je ne pus
voir la mienne qu'en présence d'un
officier qui ne nous permit ni de parler bas, ni de nous servir du patois
Languedocien qu'il n'entendoit pas.
Irrité de cette contrainte, je rompis
notre entretien et je suppliai ma femme
de se retirer. Elle m'obéit, mais ses

cris

cris et ses sanglots retentissent encore à mon oreille. Le même jour, on amena au Temple le général *Murinais*, l'un des inspecteurs de la salle du Conseil des Anciens ; ce vénérable vieillard avoit été arrêté au moment où, dans la plus grande sécurité, il se rendoit au conseil. Le 21, je me séparai de mon frère Henri. J'eus beaucoup de peine à le déterminer à me quitter, il s'obstinoit à vouloir partager mon malheur, et sans le secours de mes compagnons d'infortune *Tronçon du Coudray* et *Barbé Marbois*, je ne serois jamais parvenu à le convaincre qu'il feroit plus pour moi, en devenant l'appui de ma famille, qu'en m'aidant à porter mes fers. A minuit, le geolier vint nous annoncer que le ministre de la police venoit d'arriver avec le Directeur *Barthélemy*, et que vraisemblablement nous

allions

allions partir ; on ne nous donna pas un quart-d'heure pour rassembler nos effets, quoiqu'aucun de nous ne fût préparé à un départ si précipité ; descendus au bas de la tour, nous trouvâmes *Barthélemy* entre *Augerau* et *Sottin* qui, en l'amenant au Temple dans sa voiture, lui avoit dit : " voilà ce que c'est " qu'une révolution : nous triomphons " aujourd'hui, votre tour viendra peut- " être." *Barthélemy* lui demandant s'il n'étoit arrivé aucun malheur et si la tranquillité publique n'avoit pas été troublée : " non," avoit répondu *Sottin*, " la dose étoit bonne, elle a bien pris, et " le peuple a avalé la pillule." Le même *Sottin* nous quitta en affectant beaucoup de gaieté, et en nous disant : " Messieurs, je vous souhaite un bon voyage." Augerau fit l'appel des condamnés. A mesure que nous étions nommés, une

garde

garde nous conduisoit aux voitures à travers une haie de soldats qui nous insultoient : quelques-uns même d'entre nous furent maltraités : nos fidèles domestiques, parmi lesquels étoit mon pauvre *Etienne*, le visage balafré de coups de sabre, n'avoient pas quitté la porte de la prison, et ils épioient le moment de notre départ pour nous dire adieu ; mais ils furent repoussés et frappés par les soldats qui crioient: " Ce n'est pas là ce qu'on nous " avoit promis. Pourquoi les laisse-t-on " aller ? pourquoi emportent-ils des pa-" quets ?" *Augerau*, voyant notre sécurité, ne pouvoit contenir sa rage, il la fit éclater par un trait qui mérite d'être conservé. *Le Tellier*, domestique de *Barthélemy*, accourut au moment où l'on nous mettoit sur les chariots, il étoit porteur d'un ordre du Directoire

qui

qui lui permettoit de suivre son maître ;
il remet cet ordre à *Augerau,* qui lui dit
après l'avoir lu: " Tu veux donc associer
" ton sort à celui de ces hommes qui sont
" perdus pour jamais; quels que soient les
" événemens qui les attendent, sois sûr
" qu'ils n'en reviendront pas." "Mon par-
" ti est pris, répond *le Tellier* : je suis trop
" heureux de partager les malheurs de
" mon maître."--" Eh bien, va, fana-
" tique, périr avec lui," replique *Augerau,*
en ajoutant: " Soldats, qu'on surveille cet
" homme d'aussi près que ces scélérats."
Le Tellier se précipite aux genoux de
son maître trop heureux, dans cet
affreux moment, de serrer contre son
cœur un tel ami. Cet homme a constamment montré le même dévouement et le même courage; nous l'avons
toujours traité et considéré comme l'un
de nos compagnons. Les quatre voitu-

res

res dans lesquelles les 16 prisonniers furent répartis, sans égard à la mauvaise santé et à la foiblesse de quelques-uns d'entr'eux, étoient sur des chariots ou fourgons sur quatre roues, à peu près semblables aux voitures de transport de l'artillerie, des espèces de cages fermées des quatre côtés avec des barreaux de fer à hauteur d'appui, qui nous meurtrissoient au moindre cahot. Nous étions 4 dans chaque voiture, plus un gardien chargé de la clef du cadenat qui fermoit la grille par laquelle on nous avoit fait monter. Le général *Dutertre* commandoit l'escorte, forte d'environ 600 hommes d'infanterie et cavalerie. Ils avoient avec eux deux pièces de canon. Pendant les apprêts et l'arrangement des voitures dans la cour du Temple, nous fûmes accablés d'outrages par un groupe

assez

assez considérable d'anarchistes. Nous partîmes à deux heures du matin, le 22 Fructidor (8 Sept.), par un temps affreux ; nous avions à traverser tout Paris, pour sortir par la barrière d'Enfer et prendre la route d'Orléans : au lieu de suivre la rue St. Jacques, l'escorte détourna à droite après les ponts, et nous fit passer près du Luxembourg, où notre convoi funèbre fut arrêté plus de trois quarts d'heure. Les appartemens étoient éclairés ; nous entendîmes, au milieu de la joie bruyante des gardes, appeler le commandant de notre escorte, l'affreux *Dutertre*, et lui recommander *d'avoir bien soin de ces Messieurs*. Quelques membres trop connus de la minorité du conseil des 500, qui tenoient à l'Odéum la fameuse séance permanente, sortirent pour nous voir et nous insultèrent lâchement ;

ils

ils se mêloient avec les chasseurs de l'escorte, ils leur versoient à boire, et en s'approchant des charrettes, ils portoient notre santé et nous parloient de *grâce et de clémence.* La nuit orageuse, la lumière des pots à feu qui brûloient autour du théâtre de l'Odéum et les hurlemens des terroristes, rendirent cette dernière scène et ces horribles adieux dignes des barbares qui les avoient préparés. Enfin l'escorte défila par la rue d'Enfer, et nous sortîmes de Paris.

Nous arrivâmes à deux heures à Arpajon, à 8 lieues de Paris, très-fatigués à cause de la route pavée. *Barthélemy* surtout, et *Barbé Marbois* paroissoient épuisés. Nous fûmes surpris de voir qu'au lieu de nous donner un gîte commode où nous puissions réparer nos forces, le commandant *Dutertre* nous

C condui-

conduisit à une obscure et sale prison ;
il observoit notre contenance au moment où l'on nous faisoit descendre des
voitures pour entrer dans une espèce
de cachot, furieux de ce qu'aucun de
nous ne paroissoit affecté de tant de rigueurs. „ Ces scélérats, s'écria-t-il, ont
„ l'air de me braver, mais nous verrons si
„ je viendrai à bout de leur insolence."
J'étois dejà couché sur la paille avec
plusieurs de mes compagnons, *Barthélemy* debout, élevoit ses mains vers
le ciel, lorsque *Barbé Marbois*, qui étoit
très-malade, arriva, et reculant d'horreur à la vue et à l'odeur méphitique
du souterrain, dit à *Dutertre* : „ faites-
„ moi fusiller sur le champ, et épargnez
„ moi les horreurs de l'agonie." Celui-ci,
en souriant, fit signe au geolier de faire
sa charge. La femme du geolier dit
alors à *Marbois* avec imprécation, „ tu
„ fais

,, fais bien le difficile, tant d'autres qui te
,, valoient n'ont pas fait tant de cérémo-
,, nies ;" en achevant ces mots, elle prit
Marbois par le bras, le précipita du haut
en bas, et malgré nos cris et ceux
du pauvre blessé, cette furie ferma la
porte : nous relevâmes dans les ténèbres notre malheureux ami tout san-
glant, et nous ne pûmes obtenir pour
lui ni la visite d'un chirurgien, ni aucun autre secours, pas même de l'eau
pour laver ses plaies. Il avoit le visage meurtri, et un os de la mâchoire
fracassé. Le 23 Fructidor (9 Sept.), nous
traversâmes, à midi, la petite ville
d'Etampes, (trop connue dans le cours
de la révolution par des émeutes d'anarchistes et par le meurtre d'un magistrat
respectable). *Dutertre* fit faire halte
au milieu de la place, et nous livra aux
insultes de la populace à laquelle on

C 2

permit

permit d'entourer les voitures. Nous
fûmes hués, maudis et couverts de
boue : nous demandâmes envain qu'on
avançât ou qu'on nous permît de descendre. *Troncon du Coudray*, fort malade, s'étoit mis sur la même charrette
avec son ami *Marbois*, qui avoit obtenu
la faveur d'une botte de paille à cause
de sa blessure récente, et de la fièvre
qui s'y étoit joint. Le général
Murinais, le directeur *Barthélemy*, et
Laffond Ladebat s'étoient réunis à eux ;
ces cinq personnes rapprochées par des
opinions semblables, et par une même
manière de voir les causes et les con-
séquences du 5 Septembre, ne se sépa-
rèrent plus. *Du Coudray* se trouvoit à
Etampes dans le département de Seine
et Oise, dont il étoit le député et précisément dans le canton dont les habitans l'avoient porté à l'élection avec le
plus

plus d'ardeur. Il ressentit vivement l'ingratitude et le lâche abandon de ses concitoyens : se levant tout à coup comme s'il eût été à la tribune, "c'est moi-même, leur dit-il, c'est votre représentant; le reconnoissez-vous dans cette cage de fer ? C'est moi que vous aviez chargé de soutenir vos droits; et c'est dans ma personne qu'ils ont été violés : je suis traîné au supplice sans avoir été jugé, sans même avoir été accusé : mon crime est d'avoir protégé votre liberté, vos propriétés, d'avoir cherché à procurer la paix à notre patrie, d'avoir voulu vous rendre vos enfans : mon crime est d'avoir été fidèle à la constitution que nous avions jurée. Pour prix de mon zèle à vous servir, à vous défendre, vous vous joignez aujourd'hui à mes bourreaux." La harangue véhémente de *Ducoudray*,

C 3

dont

dont je ne rappelle ici que quelques
traits, frappa de stupeur, mais pour
quelques instans seulement, cette populace effrénée parmi laquelle il n'y
avoit pas sans doute un seul véritable
citoyen François. Elle ne tarda pas à
recommencer ses outrages, qui ne furent interrompus, qu'au moment qu'on
nous apporta pour dîner du pain et du
vin. Après trois heures d'exposition à
cette espèce de pilori, nous partîmes
pour aller coucher à Angerville à
quatre lieues d'Orléans. *Dutertre*
s'obstinoit à nous entasser encore cette
fois dans un cachot; l'adjudant-général *Augerau* (qu'il ne faut pas con-
fondre avec le général de ce nom)
touché de compassion, prit sur lui de
nous faire loger dans une auberge;
Dutertre sur le champ le fit arrêter et
reconduire à Paris.

Le

Le 24 (10 Sept.), nous arrivâmes de bonne heure à Orléans, où nous passâmes le reste de la journée et la nuit suivante, dans une maison de réclusion, autrefois le couvent des Ursulines. Ici nous recontrâmes quelques âmes sensibles, et l'humanité trompa la vigilance de nos gardiens. L'on nous offrit des consolations dont la douceur n'est connue que de ceux qui les ont éprouvées au comble de l'infortune. Nous ne fûmes pas gardés par notre escorte, mais par la gendarmerie ; dont le chef remplit son devoir avec honnêteté et générosité ; deux Dames de la ville, plutôt deux anges, après avoir fait préparer d'avance dans la maison des Ursulines tout ce qui pouvoit nous être nécessaire, s'étoient déguisées sous des habits grossiers pour obtenir de nous servir. Elles

C 4

nous

nous offrirent des secours et de l'argent ; nous les remerciâmes affectueu-
sement, mais le souvenir de leur
action généreuse, consigné dans nos
cœurs, a souvent soutenu notre constance. Nous aurions pu nous évader
à Orléans, non par le secours de ces
généreuses Dames, mais par celui
d'autres personnes dont on chercheroit
vainement les noms et qui se dé-
vouoient pour nous sauver ; nous écar-
tâmes d'un commun accord cette pro-
position. Je ne sais par quel aveugle-
ment la plupart d'entre nous et surtout les membres du Conseil des Anciens, auroient cru dans ce moment
manquer à leur caractère s'ils eussent
essayé de se soustraire à leur supplice.

Le 25 (11 Septembre), on nous
traîna d'Orléans à Blois. Nous aperçûmes en y arrivant un rassemblement
con-

considérable de bateliers. Les voitures
furent assaillies, le capitaine *Gauthier*
qui commandoit la cavalerie de l'escorte
repoussa les misérables qui condui-
soient cette émeute. Nous remarquâmes
dans le peuple des impressions bien
différentes. " Les voilà, crioit-on, les
voilà, ces scélérats qui ont tué le Roi,
voilà ses assassins, ils nous ont accablés
d'impôts, ils mangent notre pain, ils
sont la cause de la guerre." En un mot,
toutes les injures que le peuple eût
justement adressé aux tyrans, furent
aveuglément prodiguées à leurs victimes. On nous logea dans une petite
église très-humide, sur le pavé de laquelle on avoit répandu un peu de
paille; il nous fut impossible d'y prendre aucun repos. Nous cherchâmes
à connoître les motifs des mouvemens
si contraires du peuple, et nous apprî-
me_s

mes que le fameux Abbé *Grégoire* nous avoit préparé cette douce réception par ses lettres pastorales.

Le 26 (12 Septembre), avant de quitter les prisons de *Blois*, nous fûmes témoins de l'entrevue et de la séparation cruelle de Mr. et de Madame de *Marbois*. Cette Dame étoit dans sa terre auprès de Metz, lorsqu'elle apprit l'arrestation de son mari. Elle vola aussitôt à Paris, mais n'arriva qu'après notre départ. Elle suivit le convoi sans se donner le temps de demander au Directoire une permission de voir son mari à l'endroit où elle pourroit l'atteindre ; le commissaire du pouvoir exécutif à *Blois* se servit de ce prétexte pour refuser sa demande. Elle fut aussi repoussée par le commandant *Dutertre*. Enfin quelques momens seulement avant notre départ, en montrant aux

geo-

geoliers la permission qu'on lui avoit
donnée, pour entrer au Temple, elle
obtint celle de pénétrer dans notre
prison ; on ne lui accorda qu'un quart-
d'heure, et un officier tenoit sa montre
à la main. Un peu avant que la dernière minute fût écoulée, *Marbois* recueillant ses forces, conduisit vers
nous sa respectable compagne, qui eut
peine à reconnoître *Barthélemy* et *du
Coudray*, tant ils étoient déjà changés.
"Mes compagnons, nous dit-il, je vous
"présente Madame de *Marbois* qui, au
"moment de se séparer de moi, veut
"aussi vous faire ses adieux." Nous l'en-
tourâmes avec transport ; elle nous sou-
haita, non du courage, mais de la force
et de la santé. Comme elle fondoit en
larmes, "partez, partez," lui dit *Marbois*
avec fermeté, "il en est temps." Il l'embrassa, l'emporta dans ses bras jusqu'à

qu'à la porte de la prison qu'il ouvrit
et referma lui-même, puis tomba
évanoui sur le pavé. Nous volâmes
à son secours. "Mes amis," nous dit-il,
dès qu'il eut repris ses sens, " me voilà
tout entier, j'ai retrouvé la source de
mon courage." En effet, depuis ce moment, il fût moins abattu par la maladie, il recouvra une partie de ses
forces, et avec elle cette contenance
ferme et cette sérénité compagne du
vrai courage. Les apprêts de notre
départ de *Blois* furent si longs que
nous eûmes lieu de craindre qu'on ne
nous y fît séjourner. Nous apprîmes
d'une manière singulière les motifs de
ce retard. L'adjudant-général de notre
escorte, *Colin*, bien connu par la part
qu'il prit aux massacres du 2 Septembre,
et le nommé *Guillet*, son digne camarade, entrèrent dans la prison vers dix
heures,

heutes. Ils paroissoient fort émus.
"Messieurs," leur dit l'officier municipal de garde, qui depuis notre arrivée
ne nous avoit pas quitté, "pourquoi tar-
dez-vous à partir ? tout est prêt depuis
long-temps. La foule augmente, votre
conduite est plus que suspecte, je vous
ai vu et entendu l'un et l'autre ameuter
le peuple, et le pousser à commettre des
violences sur la personne des déportés.
Je vous déclare que s'il arrive quelqu'accident à leur sortie, je ferai con-
signer ma déposition sur le registre de
la municipalité." Les deux coquins
balbutièrent quelques excuses : nous
fûmes accompagnés en sortant par les
mêmes clameurs, imprécations, et menaces avec lesquels nous avions été reçus la veille.

Le 26 (12 Sept.), nous couchâmes
à Amboise, dans une chambre si étroite,

que

que nous n'avions pas assez d'espace
pour nous étendre sur la paille : il nous
tardoit d'arriver à Tours pour y prendre quelque repos.

Nous y arrivâmes le 27 (13 Sept.) ;
cette ville venoit récemment d'éprouver
une commotion, dans laquelle il y
avoit eu du sang répandu. Les anarchistes, long-temps comprimés, avoient
saisi le prétexte de la prétendue conjuration du Corps Législatif. Enhar-
dis par les nouvelles mesures du gouvernement, dont la force protectrice fut
tout à coup enlevée aux gens de bien,
et confiée aux scélérats, ceux-ci, non
contens de les opprimer, les avoient
attaqués à mains armées, et s'étoient
baignés dans leur sang. Les autorités
constituées venoient de subir ce que
dans leur langage ces brigands appel-
lent une épuration. Les places des
vrais

vrais magistrats élus par le peuple,
étoient occupées par les mêmes hommes,
qui, pendant la guerre de la Vendée, s'étoient rendus fameux parmi les
délateurs et les bourreaux. Nous fûmes
conduits à la prison de la Conciergerie,
occupée par la chaîne des galériens, et
l'on nous mêla avec eux dans une
cour entourée de loges ou cachots, dans
lesquels on les enfermoit la nuit, et
dont l'un nous étoit destiné. A peine
nos conducteurs nous eurent quittés,
que les galériens se retirèrent dans un
coin d'un commun accord, et pendant
qu'ils se tenoient à l'écart, avec une
discrétion remarquable, l'un d'eux nous
dit : ,, Messieurs, nous sommes bien
,, fâchés de vous voir ici, nous ne som-
,, mes pas dignes de vous approcher,
,, mais si dans le malheureux état où
,, nous sommes réduits, il y a quelque

,, ser-

„ services que nous puissions vous ren-
„ dre, daignez les accepter. Le cachot
„ que l'on vous a préparé est le plus
„ froid et le plus étroit de tous ; nous
„ vous prions de prendre le nôtre, Il
„ est plus grand et moins humide."
Nous remerciâmes ces malheureux, et
nous acceptâmes cette étrange hos-
pitalité, offerte par des mains souillées
de crimes, mais par des cœurs qui
n'étoient pas totalement fermés à la
pitié. Il y avoit plus de trente heures
que nous n'avions mangé, lorsqu'on
nous apporta à chacun une livre de
pain, et une demie-bouteille de vin,
ration à laquelle nous étions réduits.
Le 28 (14 Sept.), nous arrivâmes à
Ste. Maure ; notre escorte étoit très-
fatiguée, car nous doublions les mar-
ches ordinaires des troupes, et nous
ne faisions aucun séjour ; on avoit re-
nou-

nouvelé l'infanterie dans les garnisons.
Mais la cavalerie étoit excédée. *Dutertre*,
trouvant ici une colonne mobile de la
garde nationale composée de paysans,
nous confia à leur garde pour mieux
rafraîchir sa troupe, et rendit la municipalité responsable de nos personnes.
Que les citoyens de Ste. *Maure* trouvent
ici le souvenir et la reconnoissance de
leurs soins compatissans ! Ils nous pro-
curèrent de bons alimens dont nous
avions un extrême besoin. Nous étions
moins étroitement gardés, et telle étoit
la négligence ou la bienveillance de ces
bons paysans, dont la plupart n'étoient
armés que de piques, que nous pouvions aller jusque sur la chaussée, sans
être suivis ni observés par les sentinelles. Nous n'étions qu'à une portée
de fusil de la forêt. Quelques-uns proposèrent de profiter d'une occasion si

propice,

propice, et je fus de cet avis. Je n'aurois pas voulu abandonner un seul de mes compagnons d'infortune, mais je désirois vivement qu'ils se décidassent à s'échapper. Malheureusement ils ne purent s'accorder; tous les membres du Conseil des 500 vouloient s'évader, tous ceux du Conseil des Anciens s'obstinoient à rester. Il n'étoit pas possible, disoient ceux-ci, que la nation n'ouvrît les yeux, et qu'on ne finît par leur accorder des juges. ,, Eh, n'êtes-vous ,, pas jugés, condamnés, abandonnés, ,, répondoient leurs collègues? profitez ,, d'un moment qui ne reviendra peut- ,, être jamais." *Willot*, qui connoissoit le pays pour y avoir fait la guerre, insistoit vivement et s'offroit à nous conduire. *Marbois* déclara qu'il aimoit mieux subir son sort que de donner des armes contre lui. *Tronçon du Coudray* dit

positi-

positivement qu'il croyoit devoir à sa patrie et à ses commettans, tout ingrats qu'ils étoient, de conserver son caractère et d'attendre dans les fers le moment de sa justification. Quant aux agens du Roi, ils ne doutoient point d'être dégagés par un parti royaliste avant d'être parvenus à Rochefort, et l'abbé *Brothier* plaignoit de tout son cœur nous autres constitutionnels de ce que nous serions fort mal reçus et peut-être hachés par les Vendéens. Les Anciens l'emportèrent, le jour parut, et nous fit revoir nos cages de fer et le Cerbère *Dutertre.* Nous partîmes et nous marchâmes longtemps à travers cette forêt profonde qui auroit si bien pu nous servir d'asile et protéger notre fuite. Les chemins étoient si mauvais, et les cahots si durs, que nous demandâmes, mais en vain, la permission de marcher

à

à pied au milieu de l'escorte; dès que nous étions entrés dans les chariots, et que les cadenats des grilles étoient fer- més, on ne les ouvroit plus que le soir. *Pichegru* et moi, jeunes encore et endur- cis aux fatigues de la guerre, nous ne soutenions celle-ci qu'avec peine ; nos vieillards et nos trois malades, *Marbois*, *Barthélemy* et *Ducoudray*, souffroient des douleurs inexprimables. Notre arri- vée étoit plus cruelle encore ; chaque soir nous étions donnés en spectacle au peuple, puis renfermés dans les prisons où nous étions plus mal couchés, plus mal nourris que les plus vils criminels.

Celle de *Chatellerault*, où nous arri- vâmes le 29 (15 Sept.), nous parut plus mauvaise que toutes celles que nous avions occupé jusque-là On nous enferma dans un cachot tellement in- fect, que plusieurs d'entre nous tom- bèrent

bèrent évanouis ; et nous y aurions tous
été étouffés, si l'on n'eût promptement
rouvert la porte où l'on plaça des sentinelles qui nous gardèrent à vue.
Marbois étoit fort mal, et *Ducoudray*
qui le soignoit, étoit assis sur la paille
auprès de lui, lorsqu'un malheureux
qui subissoit depuis trois ans la peine
des fers, vint nous visiter dans notre
cachot. Il s'empressa de nous apporter
de l'eau fraîche, et il offrit son lit à
Marbois qui l'accepta et se trouva un
peu mieux après ce repos. " Prenez
patience, Messieurs, nous disoit cet
homme, on finit par s'accoutumer à
tout."

Le 30 (16 Sept.), nous ne fûmes
guère mieux traités à Poitiers, quoique
quelques personnes, que la prudence
m'empêche de nommer, s'efforçassent
de nous donner des témoignages de

D 3   sensibi-

sensibilité ; c'étoit la patrie du député *Thibaudeau*, membre du conseil des cinq cents, qui se voyant excepté de la liste de proscription, eut le courage et la générosité de réclamer l'honneur de la déportation.

Le 17 Septembre, nous arrivâmes à Lusignan. La prison de ce petit bourg se trouvant trop étroite pour nous contenir tous les seize, *Dutertre* donna ordre de nous faire coucher dans les charrettes au milieu de la place malgré la forte pluie et le vent froid que nous avions endurés toute la journée. Le maire et le commandant de la garde-nationale, vieillard très-humain, demandèrent à répondre de nous, et obtinrent, avec beaucoup de peine, de nous faire loger dans une auberge ; à peine étions-nous établis que nous vîmes arriver un courrier. Chacun forma ses

con-

conjectures; quelques-uns conçurent subitement des espérances, et tous crurent à de nouveaux événemens. Nous fûmes bientot informés du peu d'importance de celui-ci. C'étoit simplement un ordre du Directoire à l'adjudant-général *Guillet* de faire arrêter et conduire à Paris son général *Dutertre* à cause des concussions et des friponneries qu'il avoit commis depuis notre départ. On trouva sur lui les 800 louis d'or qu'il avoit reçus pour la dépense du convoi à laquelle il subvenoit par des réquisitions adressées aux municipalités. J'eus quelque plaisir, je l'avoue, à voir ce misérable frappé lui-même par ses maîtres avant qu'il eût achevé la mission dont ils l'avoient chargé, et qu'il remplissoit si bien : j'entendis approcher la voiture qui lui étoit destinée, et je voulus à mon tour voir

sa

sa contenance ; ma curiosité pensa me coûter cher; comme j'ouvrois la fenêtre, une sentinelle extérieure exécutant apparemment une ancienne consigne de *Dutertre*, fit feu sur moi, et la balle brisa le barreau au-dessus de ma tête. J'ai dit que l'arrestation de *Dutertre* étoit pour nous un événement de peu d'importance, parce que l'adjudant-général *Guillet*, qui le remplaça, ne valoit pas mieux que lui ; il nous le prouva le lendemain 18 Sept. à St. Maixent, en faisant arrêter devant nous le maire, qui, touché de notre déplorable situation, nous avoit dit avec sensibilité : " Messieurs, je prends beaucoup de part " à vos malheurs, et tous les bons ci- " toyens partagent mes sentimens." Cet acte de violence produisit tant de mécontentement et de murmures, que *Guillet* fut obligé de faire rendre la

liberté

liberté à ce brave homme ; ce fut dans ce même endroit qu'on prit notre signalement ; un officier de l'état major nous appeloit deux à deux, nous interrogeoit, et dictoit le signalement au brigand *Cordebar,* le même qui fut jugé à Vendôme avec *Babœuf.* Il faisoit auprès du commandant de l'escorte les fonctions de secrétaire. Il n'est point d'insolences et de grossières injures que ces misérables ne nous adressassent. "Et toi," me dit l'un d'eux, "quel mé-"tier faisois-tu ?"—"Celui que les scé-"lérats tels que toi ont déshonoré, le mé-"tier de soldat." Nous n'avions encore aucune information du sort qui nous étoit destiné, aucune lumière sur le terme de notre voyage : nous ne connoissions notre proscription que par les crieurs du Temple. La prétendue loi du 19 Fructidor (5 Sept.) ne nous avoit pas été offi-
ciel-

ciellement communiquée. Désirant vivement de lire les papiers publics, en arrivant à Niort le 19 Septembre, nous les demandâmes avec beaucoup d'empressement. Nous étions dans la basse fosse du château, cachot obscur et humide, à plus de 25 pieds au-dessous du niveau de la terre. L'officier municipal, qui étoit de garde auprès de nous, nous promit de nous remettre le lendemain toutes les feuilles nouvelles qu'il pouvoit recueillir ; mais l'exconventionel *le Cointre Puiravaux*, l'un des plus vils instrumens du parti anarchique, et qui remplissoit là les fonctions de commissaire du pouvoir exécutif, défendit sous les peines les plus fortes toute espèce de communication avec les déportés. Pour cette fois, aucun de nous n'échappa à l'effet de l'humidité du cachot. Nous en sortîmes, le lendemain 20 Sept.,

pres-

presque entièrement perclus, pour aller
coucher à Surgères qui est le point de
division des routes de la Rochelle et
de Rochefort. Le mouvement que
nous remarquâmes autour de nous, les
allées et venues des courriers, la précaution extraordinaire de poser des
sentinelles dans l'intérieur de notre
cachot, tout nous fit pressentir que
nous touchions au terme de notre
voyage. Nous espérions pouvoir enfin
nous reposer pendant quelques jours,
et recevoir les effets et secours de tout
genre que la précipitation de notre
départ ne nous avoit pas permis d'emporter avec nous. Nous nous flattions
même, qu'après avoir écarté des hommes que l'estime publique faisoit paroître redoutables, les Directeurs, rassurés par la stupeur de la nation, n'exer-
ceroient pas sur nous d'inutiles rigueurs

gueurs qui ne pourroient qu'accroître la haine générale dont ils étoient l'objet. Nous nous trompions, et les hommes honnêtes se tromperont toujours, lorsqu'ils voudront calculer la marche des scélérats et les divers degrés du crime.

Le 21 Sept. nous partîmes de Surgères à trois heures du matin, et après avoir passé par des chemins affreux, où, durant neuf mortelles lieues, nous fûmes froissés de toutes les manières, nous arrivâmes à trois heures après midi à la vue de Rochefort. Au lieu d'entrer dans la ville comme nous l'espérions, le convoi défila sur les glacis, et tournant autour de la place, se dirigea vers le port. Ce moment fut affreux. Nous n'apperçûmes que trop clairement que notre sort étoit décidé, et que nous allions être séparés, peut-

être

être pour jamais, de tout ce qui attache les hommes à la vie. Les plus
funestes présages nous environnoient.
La garnison de Rochefort bordoit la
haie sur la chaussée que nous suivions.
Une foule de matelots faisoit retentir
l'air du cri sinistre, *à l'eau, à l'eau* !
C'est ainsi que nous arrivâmes au bord
de la Charente. Les nombreux ouvriers des chantiers, les soldats de la
garnison et les matelots accoururent au
rivage ; et se pressant autour des charrettes et de notre escorte, ils répétoient à
grands cris : *à bas les tyrans, faites-les
boire à la grande tasse.*

Tels furent pour nous les adieux de
nos concitoyens. Un adjudant ou commissaire de marine, nommé *La Coste*,
dont je crus reconnoître la figure bala-
frée, fit l'appel des déportés et nous
reçut

reçut des mains du commandant de l'escorte *Guillet*.

A mesure que nous descendions de dessus les charrettes, le commissaire *La Coste* nous faisoit passer dans un canot. Il trouva M. *de Marbois* dans un si mauvais état qu'il se refusa d'abord à le faire embarquer, assurant qu'il étoit mourant et ne pourroit supporter deux jours de navigation. *Guillet* se mit en fureur, menaça *La Coste* de le faire arrêter, jura qu'il le dénonceroit et le feroit destituer. *Marbois* fut porté dans le canot ; *Guillet* s'embarqua lui-même avec nous.

On nous mena à bord d'un bâtiment à deux mâts qui étoit mouillé vers le milieu de la rivière ; c'étoit *le Brillant,* petit corsaire pris sur les Anglois. Quelques soldats de fort mauvaise mine nous firent descendre assez rudement dans

dans l'entrepont; nous poussèrent et nous entassèrent vers l'avant du bâtiment, où nous étions presque étouffés par la fumée de la cuisine. Nous souffrions de faim et de soif; nous n'avions ni mangé ni bu depuis trente-six heures. On apporta, au milieu de nous, un seau d'eau, et on jeta à côté, avec le geste du dernier mépris, deux pains de munition; mais il nous fut impossible de manger à cause de la fumée et de la position très-gênée où nous étions; les sentinelles qui nous resserroient de plus en plus tenoient d'horribles propos. *Pichegru* ayant relevé l'insolence du soldat placé au milieu de nous : " tu " feras bien de te taire, répondit-il au " général, tu n'es pas encore sorti de " nos mains." C'étoit un enfant de quinze à seize ans.

Nous

Nous dûmes croire que le lieu dé-
signé pour notre déportation n'étoit
autre que le lit de la *Charente*, et que
nous nous trouvions déjà dans un de ces
terribles instrumens de supplice, un
de ces bâtimens à soupape inventés
pour assouvir la soif des tyrans, et
pour frapper de mort dans les ténèbres, autant de victimes, et aussi rapidement que leur pensée et leur volonté en pourroient atteindre. La nuit
survint : quelle nuit ! nous écoutions ;
nous attendions l'heure fatale, et quand
les matelots commencèrent à manœuvrer, nous ne doutâmes pas qu'elle
ne fût arrivée. Le Brillant avoit mis à
la voile, nous descendions la rivière et
nous étions contrariés par la marée ; à
onze heures du soir, le bâtiment mouilla dans la grande rade : peu d'instans après qu'on eut jeté l'ancre

on

on appela six d'entre nous seulement qu'on fit monter sur le pont. Ce moment fut affreux.—Je ne fus pas du nombre de ceux qui furent appelés les premiers, nous dîmes adieu à nos compagnons. Cet appel successif, la joie féroce des soldats et de l'équipage, la présence de *Guillet*, nous persuadèrent qu'ils alloient à la mort. Nous restâmes près d'une demi-heure dans cette cruelle position, dans le silence du recueillement et de la résignation.

Nous fumes appelés à notre tour, il en resta encore quatre. *Aubry, Bourdon, Dossonville* et *Willot* éprouvèrent cette dernière angoisse, cette prolongation de supplice ; enfin, contre notre attente, nous nous trouvâmes tous réunis à bord de la corvette *la Vaillante*, commandée par le capitaine *Julien*, qui, en nous recevant, nous engagea à

E

prendre

prendre patience, et nous assura qu'en exécutant exactement les ordres du Directoire, il ne négligeroit rien de ce qui pourroit adoucir notre sort. Le commandant *Guillet* nous suivit à bord de *la Vaillante*, et s'apercevant de l'impression que nous faisoit sa présence : „ Oui, Messieurs, dit-il, *je suis encore* „ *ici.*"

On nous fit descendre dans l'entre-pont. „ Veut-on nous faire mourir de „ faim ?" s'écria le malheureux *Dosson-ville*, celui d'entre nous, qui souffroit le plus cruellement du manque d'ali-mens. „ Non, non, Messieurs," dit en riant un officier de la corvette, *(des Po-yes*, ancien officier de la marine royale,) „ on va vous servir à souper." „ Don-nez - moi seulement quelques fruits," dit *Marbois*, presque expirant. Un instant après, on nous jeta de dessus le

pont

pont deux pains de munition. Ce fut
le souper promis, et quelque frugal qu'il
fût pour des malheureux qui n'avoient
pas mangé depuis quarante heures,
nous l'avons souvent regretté : ce fut
la dernière fois qu'on nous donna du
pain !

Cette dernière translation sur un
bâtiment de guerre, le mouvement de
l'équipage qui se préparoit à appareiller,
l'accueil du capitaine, l'humanité qui
perçoit dans ses discours malgré la sé-
vérité de sa contenance, et son ton
ferme vis-à-vis de ses matelots, tout
concouroit à nous rassurer, à nous persuader du moins que nous n'étions pas
destinés à une mort prochaine.—
Quand tout à coup le capitaine *Julien*,
qui l'instant d'auparavant s'entretenoit
avec *Guillet* au bord de l'écoutille,
descend dans l'entrepont suivi de quel-

E 2

ques

ques soldats armés : il distribue des hamacs à douze seulement d'entre nous qu'il appelle. Les quatre qui n'en reçurent point, furent *Willot*, *Pichegru*, *Dossonville* et *moi*. Nous nous trouvâmes séparés de nos compagnons par la garde qui suivoit le capitaine *Julien* ; celui-ci nous ordonna de descendre dans la fosse aux lions, en nous disant : „ pour vous quatre, Messieurs, voilà „ le logement qui vous est destiné."

Ce coup inattendu sembla frapper à la fois nos douze compagnons, qui ne voulant pas se séparer de nous, demandèrent à être traités avec la même barbarie : *Tronçon du Coudray*, *Barbé Marbois* éclatèrent, insistèrent vivement: *Barthélemy* et son fidèle *le Tellier* nous voyant entraîner par les soldats dans la fosse aux lions, courent à l'écoutille et s'y précipitent avec nous ; le capi-

capitaine les menaça de les faire remonter à coups de bayonnettes ; ils ne cé-
dèrent point à ses menaces, mais seulement à nos instances.

Noüs restâmes tous les quatre dans
les plus épaisses ténèbres, dans cet
affreux cachot infecté par les exhalaisons
de la cale et par les cables, n'ayant ni
hamacs, ni couverture, ni de quoi reposer notre tête et ne pouvant nous tenir
debout.

Les douze autres furent aussi très-
resserrés dans l'entre-pont au-dessus de
nous, les écoutilles fermées, et comme
nous privés d'air, de mouvement, et
des secours le plus nécessaires.

La corvette mit à la voile à quatre
heures du matin, nous nous en aper-
çumes aux cris de l'équipage et bientôt
après au mouvement des vagues.

Le

Le 22 Septembre, à huit heures du matin, on ouvrit une écoutille, nous entendîmes sonner la cloche pour le déjeuner de l'équipage ; on nous jeta par les écoutilles un biscuit pour chacun de nous.

Nos compagnons firent appeler le capitaine qui se présenta au bord de l'écoutille ; *Marbois*, porta la parole. "Dé-
"portés, qu'est-ce que vous me voulez ?"
dit le capitaine.—" Vous observer que le
" biscuit qu'on vient de nous distribuer
" est une nourriture à laquelle aucun de
" nous n'est accoutumé : nous avons des
" vieillards qui ne peuvent le mâcher, et
" celui-ci est tellement pourri que votre
" équipage ne le recevroit point. Nous
" demandons que vous nous donniez
" connoissance des ordres qui vous ont
" été donnés par rapport à nous."—
" Déportés, je n'ai point d'autre biscuit
" à

" à vous faire distribuer, c'est la nourri-
" ture que je dois vous donner ; recevez
" ce qu'on vous donne, et estimez-vous
" heureux que je n'exécute pas plus.
" rigoureusement les ordres que j'ai
" reçus. Il est bien étonnant, que dans
" la position où vous êtes, vous me
" parliez d'exiger l'exhibition de mes
" ordres. Je n'ai rien à vous commu-
" niquer."—" Moi qui ai fait plusieurs
" voyages de long cours, répliqua
" *Marbois*, je dois vous prévenir que, si
" vous nous tenez ainsi resserrés, privés
" de l'air extérieur et des précautions
" indispensables pour ne pas empoison-
" ner nous-mêmes celui que nous respi-
" rons, non-seulement vous nous ferez
" périr en très-peu de jours, mais vous
" mettrez la peste dans votre bâtiment
" et vous perdrez votre équipage."—
" Eh bien," dit le capitaine, en se

re-

retirant, "je verrai ce que je pourrai
"faire, quand nous aurons perdu de vue
"les côtes de France."

A midi, on nous apporta encore un
biscuit pour chacun, et on mit au milieu
de nous un baquet rempli de *gourganes*
espèces de grosses fèves cuites à l'eau,
sans le moindre assaisonnement. Ainsi
fut réglée la ration, la seule nourriture
qui nous ait été distribuée pendant tout
le voyage. Deux mousses étoient
chargés de cette distribution. Celui
qui servoit nos compagnons se nommoit
Aristide, c'étoit un fort joli et fort bon
enfant; le nôtre, au contraire, étoit laid
et méchant. Le caractère de ces enfans, les seuls individus qui pussent
communiquer avec nous, importoit à
notre sort. *Aristide* eut beaucoup de
part aux rares consolations que nous
éprou-

éprouvâmes . . . . . . ce bon petit
Aristide !

Tel fut notre établissement sur ce
cercueil flottant, qui nous arrachoit à la
France et nous portoit sur une terre
inconnue.

A peine fûmes-nous à la haute mer,
que les vents devinrent contraires et la
tempête si violente, que le capitaine fut
obligé de relâcher dans la rade de *la
Rochelle*, où la corvette mouilla avant
la nuit.

Le lendemain, 23 Septembre, vers
onze heures du matin, l'amiral *Martin*,
malgré le gros temps, se rendit à bord
de la corvette, amenant avec lui le capitaine *La Porte*, qui venoit par ordre
du Directoire remplacer *Julien*. Nous
n'apprîmes cet événement qu'en écou-
tant la proclamation de l'amiral *Martin*

qui

qui faisoit reconnoître par l'équipage son nouveau capitaine.

Bientôt après, celui-ci s'annonça de manière à nous prouver que, sous la férule du capitaine *Julien*, nous n'étions pourtant pas encore arrivés au dernier degré du malheur. Nous l'entendîmes avec un organe dur et sonore comme un porte-voix, haranguer ainsi l'équipage. „ Soldats, je vous ordonne de „ veiller de près sur ces grands cou- „ pables ; et vous, matelots, je vous „ défends sous peine de mort, de com- „ muniquer de quelque manière que ce „ soit avec ces scélérats." Il fit ensuite sa ronde, fit faire l'appel, et après nous avoir bien examiné, il nous dit : „ Messieurs, vous êtes bien heureux „ d'avoir été traités avec tant de „ *clémence.*"

Les

Les vents étoient contraires, la mer très-houleuse. Vers les trois heures de ce même jour (23 Sept.), un bateau parti de *la Rochelle*, approcha de la corvette à force de rames. On le hêla, il répondit qu'il apportoit les effets appartenans aux deportés. Le capitaine *La Porte* lui défendit d'approcher, et le menaça de le faire couler bas. Le bateau étoit déjà dessous la poupe de *la Vaillante*. Le fils de *Laffond Ladebat* se nomma et supplia qu'on lui permît de voir son père et de lui remettre quelques vêtemens. Le capitaine fut inflexible aux gémissemens du malheureux père, qui, reconnoissant la voix de son fils, hurloit de rage, et se débattoit dans l'entre-pont. Il fut inflexible aux larmes, aux cris de ce jeune homme, qui se désespéroit et qui supplioit à genoux qu'on lui permît pour

une

une seule fois, pour la dernière fois....
d'embrasser son père : „ Non, non,"
crioit *La Porte,* „ éloigne-toi sur le
„ champ, ou je te fais couler bas." Il
permit seulement au jeune *Laffond* de
remettre aux matelots le porte-manteau
qu'il apportoit et fit repousser au large
le canot et ce pieux enfant qui ne
devoit plus revoir son père.

Une heure après cette scène déchirante, le capitaine appareilla malgré la
tempête, en hasardant tous les dangers
de la navigation du golphe de *Biscaye*
pendant l'équinoxe, pour nous les faire
courir, et sans doute espérant à ce prix
échapper à la rencontre des Anglois.
Nous quittâmes donc pour la seconde
fois les côtes de France le 23 Septembre, à cinq heures du soir. La nuit fut
très-orageuse ; nous fûmes au moment
de périr en doublant les ressifs du *Pertuis*
d'Antioche ;

d'Antioche; et le lendemain, 24 Septembre, le capitaine fut forcé de relâcher encore une fois et de mouiller près de l'ouverture de la rivière de *Bordeaux* dans la rade de *Blaye*.

Je ne puis rapporter aucun détail nautique, ni rien ajouter à ce que j'ai dit plus haut sur notre situation pendant les premiers jours : malgré l'état de la maladie que le mouvement de la mer causoit à la plupart d'entre nous, nous n'avions pas encore obtenu de monter sur le pont ; et les écoutilles étant fermées à cause du gros temps, nous étions dans un état d'agonie.

Le 25, nous remîmes à la voile, les vents avoient un peu molli ; ce ne fut cependant que quatre jours après, c'est-à-dire, le 29 Septembre, qu'il nous fut permis de monter sur le pont pendant une heure. Une moitié des déportés

étoit

étoit appelée à quatre heures, et l'autre à cinq. Pendant ces deux heures,
la garnison du vaisseau étoit sous les
armes, les déportés ne pouvoient marcher que sur le passavant entre les deux
mâts : il leur étoit défendu de parler,
comme aussi à tous les individus de
l'équipage de leur adresser la parole.

Le détachement qu'on avoit mis à
bord de la corvette *la Vaillante* pour
nous garder, étoit pour la plus grande
partie composé des soldats de la marine,
qui avoient été renvoyés des *Iles de
France* et *de Bourbon* par Mess. *de Circey*,
avec les commissaires du Directoire
chargés d'apporter à ces colonies les
décrets qui avoient désorganisé et détruit
les établissemens François aux *Antilles*.
Ces hommes avoient été autrefois
choisis dans les bandes révolutionnaires
du comité de *Nantes*, si fameux dans les

anna-

annales de la terreur, par les massacres et les noyades des prêtres condamnés à la déportation. Nous les entendions se raconter leurs exploits ; l'un se vantoit d'avoir assassiné son capitaine par derrière, pendant une marche, et de l'avoir jeté dans un fossé, parce qu'il le soupçonnoit d'être aristrocrate : l'autre rapportoit froidement le nombre des prêtres qu'il avoit noyés dans *la Loire* ; un troisième expliquoit à ses camarades comment se faisoient les noyades, et la grimace des infortunés au moment où ils étoient submergés : plusieurs se vantoient d'avoir assommé à coups de rame ceux qui, après avoir passé par la soupape, cherchoient à se sauver à la nage. Ils avouoient qu'on avoit bien fait de les renvoyer de l'île de *Bourbon*, car ils l'auroient, disoient-ils, mise à *la hauteur de la révolution.*

Quand

Quand ces monstres suspendoient un moment ces horribles conversations, c'étoit pour chanter des chansons dégoûtantes. Ils choisissoient l'instant de notre repos et se plaçant tous à l'écoutille de l'entrepont, à notre oreille, ils hurloient des obscénités, des blasphêmes, des chants de cannibales. Si nous leur demandions grâce, ils nous accabloient d'injures et reprenoient le chœur infernal.

Lorsque, au huitième jour de notre navigation, on voulut bien nous laisser respirer, pendant une heure chaque jour ; trois seulement d'entre nous, *Tronçon du Coudray*, *Pichegru* et *la Vilheurnois*, furent en état de profiter de cette permission, tous les autres n'avoient pas assez de force pour sortir de l'entrepont. Je fus moi-même vingt-huit jours, sans pouvoir sortir

de

de la fosse aux lions. Le vieux général *Murinais*, ayant voulu faire un effort pour se hisser, manqua de forces et tomba au fond de la cale de toute la hauteur du bâtiment. Nous accourûmes à son secours, nous le crûmes tué ; quelques matelots se jettèrent dans la cale, en se laissant glisser par la corde, et nous aidoient à relever notre pauvre doyen : il étoit sans mouvement, son visage étoit meurtri, ses cheveux blancs ensanglantés. . . . . .Le féroce capitaine accourt au bord de l'écoutille, et crie d'une voix forte : " Matelots, vous con-
" noissez l'ordre qui vous défend de com-
" muniquer avec les déportés, retirez-
" vous et qu'on fasse donner un verre
" d'eau à ce malade."

Le capitaine *La Porte* n'oublia aucun des tourmens qui pouvoient nous faire succomber : ce fut par une recherche de barbarie qu'il ne voulut jamais nous faire donner une échelle pour grimper sur le pont, de manière qu'étant obligés de nous hisser par une corde dans le vide des écoutilles, ceux d'entre nous qui étoient trop affoiblis, ceux-là même à qui le renouvellement d'air étoit le plus nécessaire, n'en pouvoient profiter.

On nous refusoit les plus vils secours, les ustensiles les plus indispensables ; nous quatre, prisonniers de la fosse aux lions, demandâmes au moins un peu de paille ou quelque moyen de nous défendre des meurtrissures dans le roulis du bâtiment. " Ils se moquent " de moi," s'écrioit le capitaine, " le plan- " cher est trop doux pour ces brigands, " je voudrois pouvoir faire paver la " place qu'ils occupent."

Nos

Nos compagnons firent observer au capitaine par le bon petit mousse *Aristide*, qu'ils n'avoient point de cuillers, ni de tasses, ni d'écuelles pour séparer les portions, il répondit : " qu'est-
" il besoin de cueillers pour manger des
" gourganes et du biscuit ? ces gueux-
" là n'ont-ils pas leurs doigts, et ne
" savent-ils pas boire au baquet ? D'ail-
" leurs, ajouta-t-il, qu'ils cessent de me
" fatiguer ; ils doivent comprendre que,
" dans la position où ils sont, toutes ces
" recherches sont fort inutiles."

Le quatorzième jour de notre navigation, le manque d'air et d'alimens avoit réduit le plus grand nombre d'entre nous à la dernière extrémité. Le chirurgien ne nous avoit donné dans ses courtes visites d'autre consolation que de nous dire que nous ne souffrions que du mal de mer, et que, quant au

 scorbut,

scorbut, nous trouverions de quoi nous guérir, que la *Guiane* abondoit en tortues.

Pichegru étoit le seul des quatre prisonniers de la fosse aux lions qui ne fut pas attaqué du mal de mer, mais il souffroit d'autant plus de la faim; il avoit des accès de rage ; cependant, comme il avoit conservé plus de force, il soignoit ses camarades.

Le 4 Octobre, à 7 heures du matin, on avoit ouvert les écoutilles pour aérer le bâtiment : un jour un peu plus clair que de coutume pénétroit dans la fosse ; nous luttions contre la mort ; nos regards éteints pouvoient à peine exprimer nos mutuels adieux, lorsque tout à coup le commandant de la garnison du vaisseau, le brave capitaine *Hurto,* que nous n'avions remarqué que par la décence de ses manières à notre égard,

égard, saute dans la cale, tombe au
milieu de nous, et se blesse à la jambe.
" Messieurs, nous dit-il, tout troublé,
" ne me perdez pas, ne me perdez pas,
" je ne puis tenir à tant d'horreurs.
" Voilà du thé et du sucre, maître
" *Dominique* va vous apporter de l'eau
" chaude ; entendez vous, maître *Domi-*
" *nique ?* Vous pouvez vous fier à lui ;
" au moins ne me perdez pas. J'ai
" besoin de mon état pour nourrir ma
" famille, ma pauvre femme !" Il arti-
culoit à peine, les sanglots l'étouffoient :
" ah ! ciel, moi ! moi !—il faut que
" j'exécute de telles horreurs !" Ce furent les dernières paroles que nous entendîmes,—il disparut.

Bientôt après, maître *Dominique* nous
apporta de l'eau chaude, et une écuelle.
Ce breuvage fut pour nous la manne
céleste ; il nous rendit à la vie. Mais

ce

ce qui nous ranima davantage, ce qui rouvrit nos cœurs, ce fut cet acte d'humanité inattendu, cette preuve que la Providence ne nous avoit point abandonnés et qu'il y avoit quelques anges de consolation au milieu des démons auxquels nous étions livrés.

Le 7 Octobre, nous nous trouvions à la vue des côtes d'Espagne : *Marbois* l'avoit remarqué, il avoit appris par un matelot qui lui avoit vendu furtivement du pain de maïs, que nous étions vis-à-vis la baye de *St. Andero*, et que des gens de la côte sur laquelle nous courions des bords, avoient apporté quelques rafraîchissemens. Il pensa qu'il falloit faire une dernière tantative auprès du capitaine, que c'étoit la dernière occasion de nous procurer des vivres frais, et que peut-être son avarice l'emportant sur sa barbarie, il permettroit qu'on

qu'on allât à terre acheter pour notre
compte tout ce dont nous manquions.
Marbois rédigea donc une lettre qui fut
portée au capitaine par le fidèle *Aris-*
tide. En voici le précis :

,, N'ayant point été prévenus de
,, notre embarquement pour un si long
,, voyage, nous n'avons pu faire aucune
,, provision ; vous ne nous avez pas
,, donné connoissance des ordres et des
,, instructions que vous avez reçus pour
,, ce qui concerne notre traitement à
,, votre bord. Il n'est pas possible que
,, vous ayez l'ordre de nous faire mou-
,, rir de faim, et nous devons croire
,, que les barbaries que vous exercez
,, envers nous, sont un abus de votre
,, autorité. Songez que vous pourrez
,, vous en repentir un jour, que notre
,, sang pèsera sur votre tête, et que c'est
,, peut-être à la France entière, mais

,, certai

„ certainement à nos familles, à nos
„ frères et à nos fils que vous aurez à
„ rendre compte de l'existence des
„ hommes que le sort a mis dans vos
„ mains."

„ Nous demandons qu'avant de
„ quitter les côtes d'Espagne et le tra-
„ vers de la baie de *St. Andero*, vous
„ envoyez un canot à terre pour faire
„ à nos frais les provisions qui nous sont
„ indispensables."

Le capitaine *La Porte* répondit : "Je
„ n'ai point de vengeance à redouter :
„ je n'enverrai point à terre ; je ne
„ changerai rien aux ordres que j'ai don-
„ nés, et je ferai sangler des coups de
„ garcettes au premier qui m'ennuiera
„ par ses représentations."

Le 9 Octobre au matin, nous apprîmes, par le mousse *Aristide*, que nous
venions enfin de doubler le cap *Ortigal*;

et

et le soir du même jour, *Pichegru* descendant de dessus le pont, nous dit, qu'on avoit perdu de vue les côtes d'Europe, et que nous faisions route au Nord avec bon vent. La corvette la *Vaillante* est très-bonne marcheuse et filoit jusqu'à douze nœuds quand il ventoit *bon frais*. Je dois placer ici une singularité qui n'a de remarquable que le malheureux à propos : c'est que *Willot*, commandant alors à *Bayonne* où cette corvette avoit été construite, en avoit été le parrain, et se trouvoit enchaîné sur la même quille qu'il avoit de sa main détachée du berceau.

Dès les premiers jours qu'il nous fut permis de nous promener sur le pont, nos regards cherchoient à pénétrer les dispositions des gens de l'équipage. Nous nous étions aperçus que maître *Dominique*, celui dont j'ai parlé plus haut,

haut, et qui étoit le premier maître d'équipage, âgé d'environ soixante ans, paroissoit ému, lorsque quelqu'un de nous sortoit comme un spectre de ce tombeau. Jamais il ne nous fixoit sans être attendri. Nous l'avons vu plusieurs fois, assis au pied du grand mât, versant de grosses larmes pendant notre promenade. Nous apprîmes par le capitaine *Hurto* que c'étoit maître *Dominique*, qui, lorsqu'il étoit de service pendant la nuit, jetoit dans la cale des morceaux de pain et de fromage, quoique n'ayant presque plus de dents, il se privoit de sa ration de pain pour nous la donner. La première fois qu'il nous apporta de l'eau chaude sous prétexte d'aller nettoyer la pompe, nous nous empressâmes de lui témoigner notre reconnoissance : cet homme, dont le ton étoit sévère, même brutal, envers

les .

les matelots, ce brave homme tomba presque évanoui dans nos bras : " Ah !
" Messieurs, nous dit-il, ce voyage me
" coûtera la vie, parce qu'il faut que je
" renferme mon chagrin."

Dominique étoit sans cesse occupé de nous procurer quelque adoucissement. Il avoit bien de la peine à tromper la vigilance du capitaine : c'étoit *Aristide* qui faisoit ses commissions auprès de nous, et quand il n'étoit pas content de son exactitude et de son intelligence, il battoit ce pauvre petit ; nous avions le chagrin de l'entendre pleurer, et l'inquiétude que cela ne fît découvrir *Dominique* ; les soldats qui remarquoient les fréquentes visites *d'Aristide*, lui reprochoient les soins qu'il nous donnoit et le battoient aussi. Mais l'excellent enfant ne disoit rien et ne se plaignoit jamais.

Domini-

Dominique parvint à acheter pour nous quelquefois du pain et du vin : on lui vendoit pour nous la livre de pain quatre francs et autant le verre de vin.

Un jour, il étoit tout joyeux, il prévint Mr. *de Marbois* qu'il vouloit nous donner à souper, et que nous ne devions pas manger les fèves de la distribution ; en effet, à minuit, il nous envoya un derrière de cochon rôti, avec un pain et du vin, c'étoit sûrement la provision particulière, la dernière ressource du bon *Dominique*.

Son active humanité trahit son secret, il fut découvert par le capitaine, qui devant tout l'équipage lui demande compte de sa conduite, le menaça des fers et de la mort : nous entendions cette scène. *Dominique* ne démentit point son caractère, il avoua tout :

,, je

„ je regrette, dit - il, fermement, de
„ n'avoir pu offrir davantage à ces
„ Messieurs ; je voudrois les soulager au
„ prix de mon sang, faites-moi fusiller
„ tout de suite, que vous faut-il de plus?
„ faites-moi fusiller." Le capitaine resta
muet, le lieutenant *Dubourg* prit le
parti de *Dominique*, le second maître
Chœpuiset avoit partagé ses honorables
torts, peut-être que *La Porte* n'étoit pas
aussi sûr de son équipage que des soldats de sa garnison. *Dominique* s'étoit
chargé de plusieurs lettres pour nos
familles, elles ont été fidèlement remi-
ses ; mais le ciel a dérobé cet homme
vertueux aux témoignages de notre
reconnoissance ; ou plutôt il l'a acquit-
tée ; il est mort peu de temps après le
retour de la *Vaillante*.

Notre situation attendrissoit quelquefois les cœurs les plus durs ; un jour
le

le vieux général *Murinais* étoit assis appuyé contre l'affut d'un des canons de chasse, pendant le souper de l'équipage, il cherchoit à mâcher le mauvais biscuit qui nous étoit distribué, et n'ayant plus de dents, il ne pouvoit ni le broyer, ni l'amollir; le capitaine, passant près de lui, fut tout à coup frappé de la belle figure de ce vieillard que les matelots regardoient avec un respect involontaire. ,, Je vois que vous ,, ne pouvez broyer le biscuit, lui dit-il, ,, je vais vous faire donner du pain.—Non, ,, Monsieur, lui dit *Murinais* d'une voix ,, assurée, je ne veux rien de vous, faites ,, votre devoir, je n'accepterai de vous ,, aucune préférence, je ne veux rien ,, que mes camarades ne partagent, ,, laissez-moi en paix."

Vers le 16 Octobre, nous étions par le travers et au Nord des *Açores*, le

vent

(95)

vent étoit violent et la mer très-grosse ;
un bâtiment Portugais venant de la
côte du *Brésil* tomba dans notre route,
le capitaine lui donna la chasse, le prit
et en l'amarinant la corvette souffrit
un assez violent abordage, pendant que
le capitaine *La Porte* et son équipage pil-
loient les malheureux passagers, le
brave maître *Dominique* songeoit à nous
faire des provisions à la faveur du désordre, il nous apporta des noix de *Para*
et des cocos.

Malgré les petits secours que l'humanité du capitaine *Hurlo* & de maître *Do-*
minique et l'activité *d'Aristide* nous pro
curoient de temps en temps, la faim nous
tourmentoit cruellement, et pourtant le
dégoût du biscuit noir, que nous ne pouvions briser sans rencontrer de gros vers
vivans, n'étoit pas vaincu par cette faim
dévorante. Les grosses fèves ou gour-

ganes

ganes étoient encore plus dégoûtantes;
soit malpropreté, soit mauvaise intention, jamais on ne nous apportoit un
baquet que nous n'y vissions surnager
des cheveux et de la vermine.

Depuis que les maux violens causés
par le mouvement des vagues avoient
cessé, la cruelle faim produisoit parmi
nous des effets différens. Le plus
grand nombre étoit affoibli, presque é-
teint, surtout *Tronçon Ducoudray*, *Laf-
fon-Ladebat* et *Barthélemy*; au contraire
Marbois, *Willot* et *Dossonville* avoient
des accès de rage, et les alimens grossiers
qu'ils prenoient en trop petite quantité,
ne faisoient qu'exciter leur appétit dévorant. " Sans doute que le Directoire
" dîne mieux que nous dans ce moment,"
disoit un jour l'un d'entre nous en regardant le baquet de fèves noires. " Oui,"
reprit un homme qui nous écoutoit,

toit, et qui ne nous parla que cette seule fois, je ne me permets pas de le nommer : " Oui, les Directeurs ont un meil-
" leur dîner, mais je doute qu'ils dînent
" aussi tranquillement, et qu'ils mon-
" trassent le même courage s'ils étoient
" à votre place."

Je me souviens dans ce moment d'un trait plus remarquable, un seul mot, un cri qui fit frémir notre féroce capitaine. *Marbois* se promenoit sur le pont et souffroit de la faim jusqu'à ne pouvoir plus se contenir ; le capitaine passa tout près de lui ; " j'ai faim, j'ai faim," lui cria *Marbois* d'une voix forte, quoiqu'al-térée, et le regardant avec des yeux étincelans, " j'ai faim, donne-moi à
" manger, ou fais-moi jeter à la mer." Le Cerbère resta comme pétrifié, il fit porter à manger à *Marbois*.

G
Un

Un autre jour *Willot* dévorant des yeux tout ce qui pouvoit le repaître, achéta d'un matelot une livre de sain doux et l'avala sur le champ, il en fut très-malade.

C'est dans cet état que nous arrivâmes au tropique, et la douceur du climat dans les belles mers, ne faisoit qu'exciter d'avantage notre estomac. Les horreurs de cette famine ne s'effaceront jamais de ma mémoire. Le malheureux *Dossonville* poussoit des cris de rage jusqu'à nous faire craindre d'en être mordus. L'équipage avoit pris un très-gros requin ; le capitaine ordonna qu'on nous donnât la portion de l'état major, c'est-à-dire la plus mauvaise. On sait combien la chair de ce monstre est huileuse, indigeste et malsaine ; nous étions tellement affamés que nous aurions dévoré le requin : *Dominique* nous

fit

fit dire de refuser cette distribution, et le soir il nous envoya la moins mauvaise partie du requin très-bien assaisonnée avec des oignons, beaucoup de vinaigre et du piment.—*Dossonville* en mangea lui seul plus de six livres avec une effrayante voracité. Il fut au moment d'en périr. Ces secours généreux de *Dominique*, si nous les obtenions quelquefois d'une autre main, ce n'étoit qu'à haut prix. On calculoit, pour nous dépouiller, le degré de nos souffrances. Ainsi *Dossonville* donna un très-bon surtout de drap de bleu tout neuf pour un pain de trois livres; vers ce temps-là, un mouvement d'impatience de *Pichegru*, fournit au capitaine *la Porte*, un prétexte de nouvelles vexations envers les quatre prisonniers de la fosse aux lions.—Le mousse Bordelois, malgré nos prières et nos mena-

ces,

ces, nous apportoit toujours le baquet de fèves noires si malpropre que nous ne pouvions y toucher. Un jour que *Pichegru*, pressé par la faim, attendoit avec impatience cette grossière pâture, le mousse arrive avec le baquet presque couvert de cheveux. *Pichegru* ne put se retenir et repoussa le mousse qui tomba dans le baquet, et s'étant brûlé, jeta les hauts cris, appela au secours : *Pichegru* s'accusa : nous ne voulûmes point convenir qu'il fut seul coupable : le capitaine nous fit mettre aux fers tous les quatre et même pendant les deux premiers jours avec les deux pieds. Nous souffrions beaucoup, nous étions enchâinés depuis six jours, et le capitaine ne paroissoit pas disposé à nous dégager, lorsque le seul motif qui puisse agir sur les hommes criminels, la crainte, l'y força.

Depuis

Depuis la prise du vaisseau Portugais, l'équipage étoit mécontent de l'infidélité du capitaine dans le partage, quelques matelots murmuroient tout haut, la pitié pour notre sort se joignoit à leurs plaintes, nous étions mêlés avec eux au gaillard d'avant ; ils avoient sous leurs yeux des généraux chargés de fer ; *Pichegru*, surtout, fixoit leur attention, redoubloit leur intérêt. Le septième jour, le capitaine nous replongea dans la fosse aux lions. Certes, il fut bien avisé ; il n'avoit pas un moment à perdre.

Peu de jours après la *Vaillante* fit encore une prise, c'étoit un bâtiment Anglois qui venoit de *Londres*, et alloit à *Antigoa* ; le capitaine *La Porte* voulut, sans doute se raccommoder avec son équipage, car il permit et donna même l'exemple du plus affreux pillage ; un

G 3

colonel

colonel Anglois, passager sur ce bâtiment, ayant voulu réclamer sa malle,
fut mis avec nous pendant quelques
jours dans la fosse aux lions.

Nous étions au-delà du tropique,
quand un vaisseau Suédois allant à *St.
Barthélemy* prit chasse devant la *Vaillante*, qui ne put l'atteindre qu'à cinq
heures du soir ; le brave lieutenant *Dubourg*, le même qui nous avoit donné
des marques d'intérêt, fut chargé de
visiter ce bâtiment ; lorsqu'il revint, il
assura le capitaine que le bâtiment étoit
en règle, et il ajouta : „ c'est le même
„ bâtiment qui étoit avec nous dans la
„ rade de *Blaye* lorsque nous y avons
„ mouillé ; il transporte beaucoup de
„ colons François que la loi du 19 Fruc-
„ tidor force à quitter la France."——
„ Vous trouvez ce vaisseau en règle !
„ dit *La Porte* en fureur, un royaliste ne
„ par-

„ parleroit pas autrement. Allez, ajouta-
„ t-il, en s'adressant à un autre officier,
„ visitez encore une fois ce vaisseau,
„ et s'il s'y trouve des condamnés à la
„ déportation, ils seront de bonne
„ prise." Heureusement il ne s'y trouva
aucun de ces derniers ; mais croira-t-on
que pour s'en assurer en confrontant le
rôle d'équipage avec les tables de proscription, ce misérable nous demanda à
nous-mêmes de lui prêter le bulletin
des lois, où se trouvoit rapportée
tout au long cette loi sanguinaire,
notre prétendue condamnation et la
liste fatale.

Nous étions à la mer depuis plus
de quarante jours ; nous nous estimions très-proche du cap *Nord*, quoique nous n'eussions encore remarqué
aucun changement dans la couleur des
eaux. Un calme plat nous retenoit,

l'exl'excessive chaleur achevoit de nous accabler : *Aubry*, déjà presqu'inanimé, gémissoit doucement, et après avoir énuméré toutes nos misères : „ hélas ! ajouta-t-il, „ que ne nous a-t-il jetés „ à la mer !"—„ Vous en êtes encore le „ maître, dit le capitaine qui l'écoutoit „ à son insçu, et vous me ferez plaisir. „ Je vais vous faire donner une échelle „ pour vous aider à monter sur le pont."

Enfin le cinquantième jour au lever de l'aurore, nous entendîmes crier : „ Terre ! Terre !" nous nous sentîmes animés d'une nouvelle vie. C'étoit depuis le 4 Sept. jour de notre arresta- tation, le premier rayon d'espérance, et nos bourreaux étoient parvenus à nous faire désirer ardemment la terre d'exil.

Quand nous montâmes sur le pont, nous apperçûmes le continent, et une

terre

terre plus élevée que le reste de la côte, et qui avoit été reconnue pour être l'atterrage du *Cap Nord*, on ne distinguoit encore que des masses ; mais ce spectacle confus suffisoit à notre impatience ; notre imagination pénétroit déjà ces forêts ; nous y représentoit notre asile, arrangeoit, ornoit même notre retraite. Nous allons, disions-nous, échapper enfin aux regards de nos bourreaux, nous parcourrons librement cette terre, nous y trouverons des consolations, peut-être de nouveaux amis. Il suffira à nos persécuteurs d'avoir mis l'océan entre eux et nous ; ils seront rassurés, ils se croiront assez vengés par l'abandon que nous avons éprouvé, et par l'oubli profond qui nous attend.

Sortir de *la Vaillante*, nous rassasier, boire de l'eau fraîche, étoit pour nous

le

le souverain bien. Dans les ardeurs de
la faim et de la soif, *Marbois*, qui avoit
été autrefois intendant de *St. Domingue*,
et qui connoissoit parfaitement les pro-
ductions de ce pays, ne nous entretenoit que des fruits délicieux que nous
allions cueillir ; il soutenoit notre dernier souffle par ces illusions que les brises
de terre sembloient déjà réaliser, en por-
tant jusqu'à nos sens émoussés les par-
fums des citronniers et des ananas.

Le 10 Octobre, à 5 heures du soir, la
corvette mouilla dans la grande rade de
Cayenne, à la vue et à trois lieues de la
ville. Dès ce moment nous eûmes la permission de nous promener sur le pont
à toute heure ; mais le capitaine renou-
vela à son équipage la défense de communiquer avec nous ; il fit sur le champ
prévenir de notre arrivée l'agent du
Directoire, *Jeannet*, qui remplit à
Cayenne

Cayenne les anciennes fonctions de gouverneur.

Le 11 Novembre, avant midi, une goëlette commandée par le capitaine marchand *Despeyroux*, vint nous prendre : *La Porte* fut très-étonné que l'agent général ne l'eût pas appelé, et qu'il ne le chargeât point de nous conduire lui-même à terre ; l'ordre qu'il reçut en même tems de rester au mouillage, sans approcher davantage de l'île de *Cayenne*, et la défense de communiquer et de laisser débarquer aucun individu de son équipage, sous peine de mort, l'inquiéta beaucoup ; il ne vouloit point, disoit-il, nous remettre à d'autre officier qu'à l'agent lui-même, et nous avons su depuis, par maître *Dominique*, que, soupçonnant *Jeannet* d'être déjà trop bien instruit des derniers événemens, il fut au moment

ment de lever l'ancre et de faire voile pour la *Guadeloupe* pour nous livrer au fameux *Hugues*, le tyran des Antilles.

Cependant l'ordre étoit positif, il fut contraint de lâcher sa proie, il nous fit escorter par un détachement de sa garnison, dont le brave *Hurto* prit le commandement pour nous accompagner jusqu'au rivage et recevoir nos adieux ; nous passâmes sur la goëlette recueillant en même temps les derniers regards du tigre irrité et les bénédictions de *Dominique*, si bien exprimées dans ses yeux baignés de larmes.

La goëlette mouilla à une portée de canon du rivage ; des chaloupes qui étoient venues au-devant de nous, nous y conduisirent : nous débarquâmes avec beaucoup de difficultés sur une plage parsemée de rochers où la mer très-

très-houleuse se brisoit avec violence :
nous nous trouvâmes en face de l'hôpital, qui est un fort bel édifice, bâti au
bord de la mer à l'extrémité Nord de
la *Savanne*.

Un peuple nombreux étoit accouru
au-devant de nous ; tous les magistrats
et les principaux habitans de *Cayenne*
s'y rendirent, et il nous fut aisé de comprendre, par l'impression que nous
fîmes sur eux, que la seule curiosité ne
les avoit point attirés. Le commandant
des troupes, *Desvieux*, nous reçut avec
une garde nègre fort bien tenue, et
nous escorta jusqu'à l'hôpital, mais du
moins avec politesse ; il permit aux
principaux habitans, qui s'empressoient
autour de nous, de nous donner le
bras ; nous retrouvâmes des hommes,
nous reconnûmes des François, nous
trouvâmes à l'hôpital l'agent du Directoire,

rectoire, *Jeannet,* avec son secrétaire *Mauduit* ; il donna au capitaine *Hurto* un reçu de 16 déportés, après en avoir fait faire l'appel.

Jeannet, en nous recevant dans la galerie supérieure de l'hôpital, laissa échapper quelques larmes : „ Vous „ avez bien souffert, Messieurs, nous „ dit-il, il n'est que trop facile d'en ju- „ ger : je vous ai fait préparer ici un lo- „ gement, quelque resserré qu'il vous „ paroisse, c'est pourtant ce que j'avois „ de mieux à vous offrir pour ce mo- „ ment; c'est aussi la situation la plus sa- „ lubre et qui convient le mieux à votre „ état; vous êtes entre les mains des res- „ pectables sœurs de la charité ; elles ne „ vous laisseront manquer de rien ; j'au- „ rai moi-même soin que vous soyez „ pourvus de vivres et de rafraîchisse- „ mens ; comptez que tant que je pourrai „ agir

" agir d'après ma volonté, vous aurez
" lieu d'être contens."

Il se retira sans donner aucun ordre,
aucun consigne qui pût nous gêner,
sans nous défendre même d'aller en
ville.

Un changement si subit dans notre
situation, les soins compatissans de ces
bonnes sœurs, la saveur des alimens
frais et des fruits, nous rendoient à
l'existence ; nous ne doutions point
qu'après notre entier rétablissement, on
ne nous laissât, aux termes de la loi
du 19 Fructidor, entièrement maîtres de
disposer de nos personnes ; nous étions
confirmés dans cette certitude par
l'esprit même des rapports mensongers
que nous avions lus et dans lesquels
les orateurs de la minorité triomphante
dans les deux conseils s'efforçoient de
dissimuler à leurs collègues subjugués
l'in-

l'iujustice et la barbarie d'une proscription en masse, en la représentant
comme un simple exil : j'entendis plusieurs de nos compagnons, particulièrement *Laffon,* regretter de n'avoir
point auprès de lui sa femme et ses
enfans, pour s'établir volontairement
dans cette colonie, qui paroissoit jouir
d'une tranquillité depuis long-temps
bannie de la métropole.

Ces songes consolans furent, malheureusement bientôt dissipés, tout
changea de face. Le commandant
Jeannet effaça dès le lendemain, par
une conduite toute opposée les effets
et l'impression de son humanité mo-
mentanée, plus coupable et plus cruel
de nous avoir donné de fausses espérances que d'avoir renouvelé notre
supplice.

Cette

Cette partie de notre malheureuse histoire seroit aussi inintelligible pour le lecteur, que la conduite de *Jeannet* nous parut inexplicable, si je ne disois ici les causes de ce changement, telles que nous les avons apprises par des témoins fidèles, dont la bonne volonté et le courage n'ont pu rien changer à notre sort, et dont je dois taire les noms et les divers bienfaits gravés également dans mon cœur.

J'essaye d'abord de tracer l'image de ce bizarre proconsul.

Jeannet, neveu de *Danton*, est un homme d'environ 40 ans ; son extérieur est agréable, ses manières polies, son regard fin et même spirituel : il est manchot du bras gauche, mais d'ailleurs très-bien fait.

Jeannet appartenoit à la faction redoutable qui opprima le corps lé-

 gislatif

gislatif en 1792, renversa le trône et détruisit avec le pouvoir exécutif la constitution monarchique. Je n'ai pas de foi au témoignage des personnes que j'ai entendu charger *Jeannet* de complicité avec les plus grands criminels, pour noircir légèrement sa vie passée ; je me borne à croire qu'il servit assez bien la faction de son oncle pour que celui-ci pût le faire récompenser. Il fut nommé gouverneur à Cayenne peu de temps après le rassemblement de la convention.

Le bon état où se trouve la colonie, l'ordre qu'il y a maintenu, prouvent sa capacité ; son administration a toujours été ferme, il s'est montré juste envers les propriétaires, quoiqu'en les tenant dans sa dépendance. Par la terreur des nègres qu'il a su à la fois contenir et s'affectionner : les habitans reconnois-

sent

sent qu'ils lui doivent la conservation de leurs propriétés.

Lorsque *Danton*, prévenu par son rival, succomba avec son parti sous celui de Roberspierre, *Jeannet*, ayant refusé de faire proclamer la liberté des nègres, fut obligé de quitter la colonie et se retira aux États-Unis.

Rentré en France après le neuf Thermidor, il fut réintégré dans sa place peu de temps après l'installation du Directoire : les propriétaires le reçurent avec plaisir, et il justifia leur confiance en réprimant les terroristes. Les conventionnels *Billaud Varennes* et *Collot-d'Herbois*, déportés à Cayenne, y jouissoient de leur liberté, et loin d'expier leurs forfaits, ils en méditoient de nouveaux sous les auspices d'un commandant digne d'être à leurs ordres. Le retour inattendu de *Jeannet* prévint

l'exl'explosion d'une conjuration tramée par les nègres, et dirigée par *Collot-d'Herbois*, pour faire massacrer à la fois tous les blancs. Une négresse vint révéler le secret qu'elle avoit surpris ; *Jeannet* fit arrêter et conduire au fort de Sinamary *Collot-d'Herbois* et son collègue *Billaud Varennes*, qui, dit-on, n'étoit pas dans le complot, mais il ne put empêcher la rebellion des nègres qui ne fut réprimée qu'après qu'on en eut fait un grand carnage : *Collot-d'Herbois*, étant tombé malade peu de temps après, fut transporté à l'hôpital de Cayenne où il mourut ; *Billaud Varennes* est encore au fort de *Sinamary*.

On peut juger par ces détails, que *Jeannet*, lié avec le parti qui avoit fait le 9 Thermidor, tenoit ferme contre les anarchistes, et suivant la conduite si naturelle que ses amis auroient dû

suivre

suivre en France, il s'étoit lié avec tous les honnêtes gens par un intérêt commun, dont la garantie reposoit sur le maintien des nouvelles lois ; il pro-tégeoit les propriétés, il sut, malgré la pleine exécution des décrets pour la liberté des nègres, les retenir dans leurs atteliers.

Les soins que prend *Jeannet* de faire respecter les propriétés, ne sont pas désintéressés, on l'accuse de rapa-cité ; il lève arbitrairement les imposi-tions et ne rend aucun compte : il saisit impitoyablement tous les bâtimens qui tombent entre ses mains, amis, neutres, ennemis, il confisque en corsaire, il partage en voleur, il s'est approprié comme biens nationaux la jouissance des plus belles habitations confisquées ou séquestrées, il fait surtout très-bien cultiver la belle habitation du général

la

ia Fayette, la Gabrielle, qui lui rapporte, dit-on, près de 300,000*l.* ; l'habitation des Jésuites, la Royale, et celle de Beauregard, grossissent aussi le trésor de ce satrape.

Après ces succès, et avec de telles dispositions, *Jeannet,* voyant le gouvernement républicain s'affermir, étoit bien éloigné de croire à un nouveau règne de terreur : la nouvelle des événemens du 18 Fruĉtidor, qu'il avoit appris, avant notre arrivée, par un bâtiment Américain sur lequel il fit mettre un embargo, les noms des principaux aĉteurs tels qu'*Angerau, Sottin,* &c. lui causèrent un tel effroi, qu'il fût au moment de quitter une seconde fois la colonie ; le terme de ses pouvoirs étoit expiré, il ne doutoit pas qu'un ami de *Billaud Varennes* ne vînt bientôt le remplacer : il croyoit voir évoquer

quer les mânes de l'affreux. *Collot.*
Les habitans l'engagèrent à rester et à
attendre de nouveaux éclaircissemens.

Le rapport exact que dut faire le
lieutenant *Dubourg*, de la corvette *la
Vaillante*, au moment de notre arrivée,
le tableau que son humanité présenta,
sans doute, à *Jeannet*, des maux que
nous avions soufferts, confirmèrent apparemment ses premiers aperçus, et
nous valurent le bon accueil qu'il nous
fit à l'hôpital.

Cependant le capitaine *La Porte*,
furieux et d'autant plus blessé des précautions outrageantes de l'agent, qu'il
étoit lui-même sûr et se sentoit fier de
la confiance du Directoire, ne se tint
point pour battu ; il écrivit à *Jeannet*,
insista pour le voir et lui remettre lui-
même à *Cayenne* des lettres et des
instructions particulières dont il étoit

 porteur.

porteur. *Jeannet*, circonvenu d'ailleurs par des révolutionnaires tels que son se-crétaire *Mauduit*, et le capitaine de port *Malvin*, ne put reculer ; il permit au capitaine *la Porte* de venir à terre, et l'invita à dîner.

Nous le vîmes arriver vers quatre heures du soir dans sa chaloupe et nous dûmes frémir.

Comme c'est à la suite de ce dîner que notre perte fût résolue, les détails que nous en avons appris méritent quelque attention.

Pendant que *Jeannet* lisoit attentive-ment ses dépêches, *la Porte* ajoutoit au texte les plus perfides commentaires, et il étoit soutenu par des conseillers plus perfides encore ; " ces scélérats " que j'ai amené, disoit-il, avoient dé- " jà allumé la guerre civile en France, " où ils massacroient impunément les
" répu-

" républicains; nous étions tous vendus
" aux princes, nous voulions tous pro-
" clamer le roi ; nous espérions encore
" renouer la partie, nous nous étions
" ménagé des intelligences à Cayenne,
" et nous avions les moyens de faire une
" révolution en faveur de Louis XVIII. ;
" le Directoire, ajoutoit-il, en étoit in-
" formé."

Ces calomnies qui fermoient la bouche aux honnêtes magistrats, qui se trouvoient à ce dîner, enhardissoient les révolutionnaires, qui n'attendoient pas que l'agent général se fût expliqué, pour éclater contre nous.

Jeannet se défendoit encore, et sembloit capituler avec sa conscience, il parcouroit la liste des déportés : et marquant de l'œil les conventionnels contre lesquels une vieille haine de parti l'animoit peut-être ; " je ne vois, dit-il,

qu'un

qu'un petit nombre de coupables ; plus je lis et médite mes dépêches, et moins je puis les comprendre." Il interrompit deux fois les déclamations du capitaine *La Porte*, pour lui parler de l'état affreux où nous étions : " N'est-il pas " vrai, capitaine, que ces Messieurs " ont bien souffert ?"—" Oui, répondit " insolemment *La Porte*, oui, ils ont " souffert, et si j'eusse exécuté mes " ordres, je n'en eusse pas conduit un " seul jusqu'ici."

Le lendemain, 18 Novembre ; on nous défendit de sortir de nos chambres, nous fûmes gardés à vue ; aucun prétexte, aucun besoin ne nous dispensoit de cette importune vigilance ; il fut défendu aux habitans d'avoir désormais aucune communication avec nous. Quelques-uns bravèrent le danger de contrevenir à ces ordres rigoureux ;

d'autres

d'autres nous firent parvenir des rafraîchissemens.

Une mulâtresse, nommée *Marie
Rose*, femme d'environ 40 ans, fort
riche et respectée par toute la colonie à
cause de sa piété et de son humanité
toujours active, se distingua par son généreux empressement à nous envoyer, à
nous apporter elle-même, tout ce qu'elle
savoit nous être nécessaire, ou qu'elle
croyoit devoir nous être agréable. Elle
étoit si souvent avec les bonnes sœurs
de la charité que la défense de communiquer avec nous ne pouvoit l'atteindre ; l'hôpital étoit l'habitation fa-
vorite de *Marie Rose*, et ses visites y
furent d'autant plus fréquentes que
nous devenions plus malheureux. Ce
vif intérêt qu'elle prit à notre sort ne
s'est jamais refroidi ; c'étoit à *Pichegru*
qu'elle adressoit toujours ses petits
dons,

dons, et il n'a jamais manqué de les partager avec ses compagnons d'infortune, comme aussi la reconnoissance que nous devons tous à cette excellente femme.

Marbois, *Tronçon-Ducoudray* et *Murinais* demandèrent la permission de se promener : il nous fut permis d'aller pendant une heure le matin et une heure le soir sur la Savane, jusques aux murs de la ville, accompagnés d'une garde. *Desvieux* veilloit lui-même à ce service ; il avoit injurié *Marie Rose* ; il voulut faire fusiller deux sergens du régiment d'Alsace, parce que *Marbois* leur ayant adressé la parole en Allemand, ils s'étoient entretenus avec lui ; il ne fallut pas moins que les sollicitations d'un grand nombre d'habitans pour sauver ces malheureux. *Desvieux* faisoit trembler *Jeannet* lui-même :

même : il ne pardonna pas aux sœurs de la charité l'intérêt qu'elles nous avoient témoigné pendant notre court séjour auprès d'elles. " Vos déportés " sont perdus, disoit-il énergiquement à " la supérieure, ils sont perdus, et s'ils " ne crèvent bientôt, nous trouverons " moyen de les expédier." (Ce *Desvieux* est un ancien capitaine de cavalerie qui a été aide de camp de Mr. de *Boufflers*, et qui appartenoit, dit-on, à une ancienne famille de robe).

Ainsi se passèrent les premiers jours après notre débarquement ; malgré ces nouvelles rigueurs, nous espérions encore que la loi seroit exécutée, et qu'on nous laisseroit en paix dans les limites de notre exil : notre sort n'étoit point décidé : les habitans démandoient à nous recevoir chez eux : *Jeannet* leur répondoit qu'il ne pouvoit

voit pas nous séparer, ni hasarder de troubler la tranquillité de la colonie : il résolut, dit-on, d'abord de nous placer à l'ancienne habitation des Jésuites.

Les terroristes crièrent, menacèrent, demandèrent la même faveur pour *Billaud Varennes*, et reprochèrent à *Jeannet* de le retenir prisonnier malgré l'ordre du Directoire, qui portoit qu'il jouiroit de la liberté d'aller et de venir dans tout le territoire de la colonie.

Le lâche proconsul céda, et de la même main que nous avions vu, peu de jours avant, dérober les larmes de la pitié, il signa l'ordre barbare de notre seconde déportation.

Le 13 Novembre, au matin, nous fûmes avertis de nous tenir prêts à partir pour les cantons de *Sinamary*.

Les

Les membres du *Conseil des Anciens* proposèrent de protester contre cette extension d'une loi, qui en elle-même étoit la violation de toutes les lois ; ceux du *Conseil des* 500 pensèrent que ce seroit reconnoître en quelque sorte la légalité de l'acte de proscription, et celle des agens qui l'exécutoient : ils préférèrent d'obéir passivement, et je me rangeai à leur avis. *Jeannet* se contenta de faire répondre négativement par l'intermédiaire d'un commissaire de marine ; jamais il n'a répondu directement à aucun déporté, et il a toujours défendu qu'on nous donnât copie des lettres et des ordres qu'il nous faisoit communiquer.

Les plus malades qui paroissoient hors d'état d'être transportés, réclamèrent en vain : le vieux général, notre brave doyen *Murinais,* ne put obte-

obtenir de rester à l'hôpital, il étoit au désespoir, il prit sur lui d'écrire parti-culièrement à *Jeannet :* " Faites-vous " rendre compte de l'état où je suis, " votre ordre est pour moi un arrêt de " mort." *Jeannet* fut sourd aux prières de tous les habitans, aux larmes des bonnes sœurs de l'hôpital ; il fallut partir.

Nous reçûmes les adieux du brave capitaine *Hurto,* qui avoit aussi de son mieux défendu notre cause, et ceux de maître *Dominique,* qui passa deux jours avec nous, et nous donna de nouvelles preuves de son généreux dévouement.

Le 22 Novembre, à 8 heures du matin, nous fûmes embarqués sur la goëlette *la Victoire* ; des chaloupes vin-rent nous prendre au même endroit où nous avions débarqués en quittant *la*

Vaillante

Vaillante, on voulut éviter de nous faire traverser la ville, mais tous les habitans accoururent en foule au rivage ; tous nous donnèrent des marques de la plus touchante sensibilité ; les femmes et les enfans étoient en larmes : il est impossible de rendre un spectacle aussi attendrissant. Nous étions sans garde au milieu de ces bons habitans, et seulement accompagnés par le commandant *Desvieux*, qui, devant ce peuple opprimé, feignoit une excessive politesse. *Jeanñet* ne parut point.

Quand la goëlette leva l'ancre, les regrets de nous voir arracher à de si douces consolations, la vue de cette foule qui couvroit le rivage, les bras tendus vers nous, ou levés vers le ciel, ces cris de désespoir, ces adieux achevèrent de briser nos cœurs.

I   L'honnê-

L'honnête capitaine *Brachet,* qui commandoit la goëlette, fit de son mieux pour adoucir l'amertume de cette séparation ; il nous prodigua ses soins et les rafraîchissemens dont il s'étoit muni ; il paroissoit si dévoué à nous servir, que je ne doute pas que si nous lui eussions proposé de nous sauver, il ne l'eût fait : on ne nous avoit donné d'autre escorte que trois hommes et un capitaine ; le bâtiment n'étoit manœuvré que par quatre matelots et un maître qui vraisemblablement ne se seroient pas défendus. Nous étions 16, et la chambre de l'arrière où l'on nous avoit placés étoit remplie d'armes éparses çà et là. Mais cette bonne pensée ne vint à aucun de nous ; nous étions résignés à subir notre destinée. On nous avoit encore bercé de cette idée que le canton de *Sinamary* étoit

si-

sinon le plus peuplé, du moins le plus sain, et l'un des plus fertiles de la colonie : nous devions y trouver tout en abondance et y jouir enfin de notre liberté.

La rivière de *Sinamary* se trouve 30 lieues à l'Orient de l'île de Cayenne ; les vents et les courans nous servoient : nous avions levé l'ancre à midi, et nous mouillâmes vers les huit heures du soir à l'embouchure de la rivière, après avoir doublé les îles au Diable : le capitaine *Brachet* voulut mouiller près de terre pour nous faire débarquer avant la nuit, mais comme les postes n'étoient point prévenus, la batterie qui est sur la pointe de l'Est tira sur nous à boulet. Nous fûmes obligés de coucher à bord de la goëlette.

Au point du jour, 23 Novembre, nous débarquâmes sous la redoute de la

pointe ;

pointe ; le commandant du canton, M. de * * *, capitaine au régiment d'Alsace, se trouva sur la plage pour nous recevoir : " Voilà, dit le commandant de " notre escorte, les condamnés à la dé- " portation, et voici l'arrêté provisoire " de l'agent général à leur égard."— " Les condamnés, dites-vous, reprit cet " officier, ces Messieurs n'ont pas été " jugés ; c'est une infamie que de les " avoir envoyés ici." Ce seul mot et son accent honnête lui coûtèrent son état ; il fut cassé peu de temps après, et chassé de la colonie. J'espère du moins que cette rigueur lui aura sauvé la vie ; il étoit jeune et déjà flétri par le climat.

A cent pas du rivage, laissant à droite la redoute et le mât des signaux, nous passâmes devant la maison de Mr. *Kormann*, mauvaise baraque isolée où l'on ne croiroit pas qu'un homme pût volon-

volontairement se fixer, la seule habitation qu'on aperçoive dans cette vaste solitude, et sur les bords de la rivière de *Sinamary*, qui sont couverts de bois, entravés et infectés par les branches des paletuviers pourries dans la vase.

Comme nous nous arrêtions devant cette baraque pour demander de l'eau fraîche, Mr. *Kormann*, homme d'environ 30 ans, mais plus cassé qu'un Européen ne l'est ordinairement à 60, vint nous saluer, et nous dit avec une voix éteinte : Ah Messieurs, vous descendez dans un tombeau.—Nous le savons, dit le général *Murinais*, et le plutôt sera le mieux. Tels furent les augures qui accompagnèrent notre arrivée sur le continent.

Nous marchâmes sur un sol brûlant en suivant un sentier étroit au bord de la rivière, jusques à une lieue dans les

terres,

terres, j'eus beaucoup de peine à me traîner à la suite de mes camarades, qui tous étoient excédés : aucun de nous n'étoit assez rétabli des fatigues de la navigation, pour soutenir cette course : je crachois le sang depuis plusieurs jours.

Nous arrivâmes devant le fort de *Sinamary* qu'on ne découvre en sortant des bois qu'à une portée de fusil.

Ce fort, construit en madriers et palissadé, n'a aucun ouvrage extérieur ; c'est un quarré d'environ 100 toises, flanqué de 4 bastions et entouré d'un large fossé, dans lequel on a introduit les eaux de la rivière, de manière que le fort se trouve isolé.

En entrant dans cette forteresse, nous vîmes trop bien qu'il ne nous restoit plus aucun espoir de jouir, même au milieu de ces déserts,

d'une

d'une ombre de liberté. Le forfait étoit consommé.

Il me reste à faire connoître le ra-finement de cruauté avec laquelle on a poursuivi dans cette prison les restes de notre malheureuse existence, et l'in-fatigable rage des bourreaux, et la pa-tience et la constance des victimes ; les tourmens de ceux de nos compagnons qui ont péri dans nos bras, et de ceux qui luttent encore contre une mort plus lente, mais inévitable ; enfin le mira-cle de notre évasion.

Quelque resserré qu'ait été le théâtre de ces horribles scènes, je dois d'abord le décrire.

Les casernes pour la garnison, le logement du commandant, et quelques huttes pour les vivandiers occupent la courtine à droite du côté de la rivière : la garnison étoit composée de 80 hom-

mes,

mes, moitié de blancs et moitié de
nègres, c'étoit un détachement de l'ancien régiment d'Alsace, presqu'entièrement renouvelé depuis son arrivée
à la *Guyane*.

Le long de la courtine opposée à
celle du côté de la rivière, est l'ancienne chapelle que les révolutionnaires
blancs ont dévastée, et que les nègres
respectent encore.

A côté de la chapelle, est un hangard ou carbet, sous lequel sont bâties
huit mauvaises cases, qui servoient autrefois de prison pour les nègres mar-
rons et les criminels.

En face de l'entrée du fort, est le
logement du garde-magasin : les terre-
pleins des bastions sont occupés par des
magasins de vivres et de munition; et
l'un des quatre, celui du Nord du côté
de la rivière sert de corps-de-garde :
l'espace

l'espace qui reste au milieu du fort est planté d'orangers.

Le fort est armé, et bien entre-tenu.

Le commandant nous conduisit d'a-bord vers le hangard, et nous mon-trant les cases : Voilà, dit-il, le loge-ment qui vous est destiné. *Billaud Va-rennes* occupoit l'une de ces cases ; les sept autres devoient être réparties en-tre les seize déportés, et suivant leur inégale proportion, en recevoir tel ou tel nombre.

Le commandant s'adressant à **Mr.** de *Murinais* comme au plus âgé, en désignant une des cases qui ne devoient contenir qu'un seul prisonnier ; lui dit, celle-ci pourroit vous convenir.—Me-nez-moi à la plus proche du cimetière, répondit le vieux général, c'est celle qui me convient.

Après

Après avoir forcé notre brave doyen à prendre cette première case, pour lui seul, les autres furent partagées entre les quinze déportés, et le sort régla les logemens de la manière suivante,

2de case *Aubry* seul,

3me —— *Pichegru* et *Marbois*,

4me — *Willot, la Rue* et *Dossonville*,

5me —— *Bourdon* et *Rovère*,

6me —— *Laffon, Tronçon Ducoudray* et *Barthélemy*,

7me —— *Brothier, la Villeheurnois, le Tellier* et *Ramel.*

Le commandant fit donner un hamac à chacun de nous: il n'y avoit dans les cases ni lits, ni tables, ni chaises, aucun meuble, aucun ustensile.

Nous avions, pour toute nourriture, une ration de biscuit, une livre de viande salée, et un verre de rum pour

cor-

corriger l'eau qui est très-mauvaise ; on nous donna quelquefois du pain que nous ne pouvions manger, parce qu'il étoit rempli de vers et de fourmis, et l'on nous fit enfin distribuer quelques rations de vin qui s'étoit aigri dans les magasins.

Ne pouvant manger tous ensemble ni dans une seule case, ni à la même gamelle, nous nous séparâmes pour former des ordinaires ou chambrées: ce ne fut pas le sort qui décida de ces associations, mais bien les convenances d'âge, de caractère et d'opinion.

1re chambrée : *Marbois, Tronçon Ducoudray, Barthélemy, Laffon, Murinais, le Tellier.*

2me chambrée : *Pichegru, Willot, Larue, Aubry, Dossonville, Ramel.*

5me chambrée : *Bourdon, Rovère.*

4me chambrée : *Brothier, la Villeheurnois.*   Cet

Cet ordre fut bientôt altéré par de fâcheux événemens. *Marbois* voulut aussi faire son ordinaire à part. *Barthélemy* et *le Tellier* se joignirent dans la suite à la chambrée dont j'étois. L'abbé *Brothier* se lia avec *Billaud Varennes*.

Ces associations ayant influé sur nos destinées, j'ai dû rappeler leur formation.

Un seul nègre faisoit la soupe pour les quatre ordinaires. Chacun y veilloit, et avoit soin d'aller la retirer. Ce redoutable cuisinier avoit été envoyé exprès de *Cayenne* où on l'avoit fait sortir de la maison de correction. Il nous a vingt fois menacés de nous empoisonner.

Nos malades furent soignés par deux vieilles négresses ; une troisième dont le mari étoit dans le fort, et que la bonne *Marie Rose* avoit envoyée, comme étant

sûre

sûre de son honnêteté, servoit le général *Pichegru* ; j'ai lu avec indignation des calomnies, qui ont été répandues pour distraire de nous l'intérêt qu'on accorde au malheur et le respect qu'on porte à l'innocence, quand elle n'est pas déchue de sa dignité ; que nos persécuteurs nous laissent du moins cette consolation !

Nous étions prisonniers dans le fort. Je n'en suis sorti qu'une fois, et je l'espère, pour n'y rentrer jamais. Nous étions assujettis à deux appels par jour. L'un se faisoit à 9 heures du matin, et l'autre à quatre heures après midi.

Notre première occupation fut de nettoyer nos cases : elles étoient remplies d'insectes venimeux qui les rendoient inhabitables, et pourtant nous n'avions pas d'autre abri, aucun autre

Euro-

Européen n'avoit peut-être, avant nous, subi le supplice d'être jeté dans ces climats, dans un tel repaire, d'être livré comme une pâture aux scorpions, aux mille-pattes, aux mosquites, aux maringoins, et plusieurs autres espèces aussi nombreuses que dangereuses et dégoûtantes : nous n'étions pas même à l'abri des serpens qui se glissoient souvent dans le fort. *Pichegru* en trouva un monstrueux et plus gros que le bras, dans les plis de son manteau qui lui servoit d'oreiller dans son hamac ; il le tua.

L'insecte qui nous tourmentoit le plus étoit la chique ou *Niguas*, espèce de punaise qui se loge dans les pores, et qui, si elle n'en est soigneusement arrachée, s'y multiplie, et ronge si rapidement qu'il faut recourir à l'amputation. Nous étions couverts de boutons et de pustu-

pustules ; privés de sommeil, fatigués, plongés dans la plus profonde tristesse : quelques-uns d'entre nous avoient reçu, pendant notre translation du *Temple* à *Rochefort*, des vêtemens, du linge et de l'argent ; mais d'autres, et j'étois du nombre de ces derniers, étoient entièrement dépourvus : la précipitation de notre embarquement ayant trompé la prévoyance de leurs familles. *Jeannet* nous envoya quelques chemises et mouchoirs pris dans les magasins destinés aux fournitures des nègres.

Tel fut notre établissement à *Sina-mary* ; il n'y avoit dans le fort d'autre habitant que la garnison et un garde-magasin, nommé *Moigestein*, très-honnête homme, qui nous eût fait du bien, s'il en eût été le maître. Les soldats nègres de la garnison paroissoient plus hon-

nêtes

nêtes ou moins durs à notre égard que les blancs, reste du régiment d'*Alsace*, qui conservoient leur ancienne discipline, mais qui étoient retenus dans une crainte servile. Le chirurgien du canton de *Sinamary*, *Cabrol*, est un homme plein de bons sentimens, mais très-infirme, et qui ne pouvoit que rarement se déplacer pour venir visiter les malades. Nous avons vu quelquefois aussi le maire du canton de *Sinamary*, *Vogel*, ancien gentilhomme de *Lorraine*, qui nous faisoit de vaines offres de service.

Là, se bornèrent nos communications avec les humains. Je ne compte pas le déporté *Billaud Varennes*, auquel on s'efforçoit de nous assimiler. Cette considération nous le fit rencontrer avec d'autant plus de peine. Nous évitâmes de l'humilier et d'aggraver son supplice, mais l'abbé *Brothier* seul

a pu surmonter l'horreur de cette mons-
trueuse réunion et s'est lié avec *Billaud
Varennes*.

Je ne parlerai point de la contrée
qui nous environnoit et qu'on nomme
proprement le canton de *Sinamary*. J'ai
souvent entendu parler de quelques
villages Indiens assez considérables qui
se trouvent, dit-on, à quelques lieues
dans l'intérieur des terres, et dont les
habitans venoient quelquefois vendre
des fruits et des légumes. Les plantations qui se trouvent plus haut en re-
montant la rivière, et qui rassemblées
forment une espèce de hameau, sont,
dit-on, situées sur un terrain fertile, et
cependant l'insalubrité du climat a réduit à un petit nombre les François qui
s'y établirent dans le siècle dernier. Je
ne sais rien de plus, je n'ai vu du haut
des remparts d'une prison qu'une forêt

K

pro-

profonde et qui me sembloit impéné-
trable. Les hurlemens lugubres des
tigres qui s'approchoient jusqu'à la
portée du fusil ; les cris perçans des
singes ; le chant discordant des perro-
quets, enfin le croassement des énormes
crapauds, dont les fossés et les bords
fangeux de la rivière étoient remplis,
rendoient cette solitude épouvantable.

Le 15me jour après notre arrivée,
le lieutenant *Aimé* vint relever Mr.
de * * * et prendre le commandement
du fort, ce fut un grand malheur pour
nous.

Aimé étoit, au commencement de la
révolution, laquais dans une maison
de *Nancy*. Il fut l'un des principaux
moteurs des troubles de cette ville, et
de la révolte des régimens du *Roi* et
de *Chateauvieux* que les gardes natio-
nales réprimèrent ; il s'engagea alors

dans

dans le régiment *d'Alsace*, où il est parvenu au grade d'officier. *Jeannet* ne
pouvoit choisir un plus barbare geolier.

Aimé donna d'abord de nouvelles
consignes, et en imagina chaque jour
de plus gênantes. Il défendit aux
soldats de nous parler sous peine de
mort. Il ordonna au tambour de venir
tous les matins battre la diane devant
nos cases. Jamais nous ne pûmes obtenir qu'il nous délivrât de ce funeste
réveil, c'étoit un vrai supplice pour nos
malades, il sembloit qu'il vît avec
chagrin que le sommeil suspendoit
quelquefois nos maux. Le tambour,
ou plutôt le vautour, qu'il avoit choisi,
ajoutoit l'insulte, poussoit des cris, des
éclats de rire quand nous demandions
grâce pour nos amis agonisans. Les
plus sages d'entre nous, ont plusieurs
fois retenu les plus bouillans qui vou-

K 2 loient

loient précipiter ce misérable dans les
fossés. Les appels furent faits avec
une grande rigueur, si quelqu'un de
nous ne se fût pas trouvé dans sa case,
il eût été mis aux fers.

Peu de jours après l'arrivée du nouveau commandant, Mr. *de Murinais*
tomba malade ; c'étoit dans les premiers
jours de Décembre, et je crois du deux
au trois. Il perdit connoissance. presqu'à l'instant même qu'il fût attaqué.
Nous ne pûmes lui donner aucun
secours. Avant que l'exprès qu'on
envoya à *Cayenne* pour prévenir *Jeannet*
de sa position y fût arrivé, notre malheureux doyen n'étoit plus. Jusqu'au
dernier moment, il nous donna l'exemple du courage et de la résignation. Ce
respectable viellard, entièrement étran-
ger aux intrigues dans lesquelles on
avoit feint de l'envelopper pour avoir
à frap-

à frapper une victime plus illustre ou
plus pure, ne se plaignoit point de son
sort, ni de sa séparation d'une nombreuse
famille, ni de la perte d'une grande
fortune ; mais il s'indignoit que l'on
eût pu douter de sa parole et de la fidélité avec laquelle il étoit résolu de rem-
plir la mission dont il s'étoit chargé.
Quel spectacle que celui de cette première séparation !   J'étois moi-même
presque mourant, et déjà l'on disoit
que le plus jeune suivroit de près le
plus vieux; je recueillis mes forces et
me traînai jusqu'à la case du général; je
le trouvai suspendu dans son hamac.
Personne n'étoit dans ce moment auprès de lui.   Il étoit étendu, la bouche
ouverte et désséchée. J'essayai de le
faire boire ; il luttoit contre la mort
et expira peu d'instans après.   Quel
affreux abandon pour un père de fa.

K 3

mille

mille dans ses derniers momens ! Mr. *de Murinais* fût enterré hors du fort. Nous préparâmes pieusement ses funérailles, et je dois dire que je puisai de nouvelles forces dans cette malheureuse scène.

On avoit mis sous le scellé, les effets de Mr. *de Murinais*, qui furent vendus publiquement dans le fort. Le juge de paix ayant employé le titre de citoyen dans le procès-verbal dont il faisoit lecture en présence du commandant ; *Rayez ce titre*, dit *Aimé*, *ce coquin-là ne le mérite pas.*

Il n'y avoit pas plus d'une semaine que nous avions perdu Mr. *de Murinais*, quand *Barthélemy* tomba malade et parut aussi sérieusement attaqué ; on eut heureusement le temps d'envoyer à *Cayenne* pour prévenir *Jeannet* qui envoya une goëlette pour transporter *Bar-*
thélemy

thelémy à l'hôpital. Nous lui dîmes
adieu, n'espérant pas de le revoir. Son
fidèle ami *le Tellier* obtint la permission
de l'accompagner.

Malgré la certitude que nous étions
ensevelis vivans, malgré les funestes
présages qui nous environnoient, chacun de nous s'arma de courage, et se
roidit contre la nécessité. Les discussions politiques, les conversations particulières, remplissoient beaucoup de
temps. Notre malheur commun étoit
le sujet intarissable de tous nos entre-
tiens. A Dieu ne plaise que je voulusse
reproduire les disputes, dont je fus té-
moin! Des hommes, dont les opinions,
les professions, les talens, les intérêts différoient autant que l'âge et les
passions, se trouvoient réduits à une
vie monotone et semblable, et il résul-
toit de leur situation respective un

tableau

tableau mouvant fort intéressant et fort instructif. Je n'entreprendrai point de le fixer. Malgré la confusion que les auteurs du 18 Fructidor durent établir pour créer des motifs de vengeance, on sait assez quelle part différente prirent aux événemens qui précédèrent cette catastrophe, tels et tels membres des deux conseils, et ce n'est pas dans l'état passif d'une commune adversité, que se rapprochent ceux dont les jugemens et les vues ne s'accordèrent pas lorsqu'ils étoient en action. Je me bornerai donc à dire que chacun de nous se fit des occupations, ou chercha des distractions suivant ses goûts et ses habitudes.

Marbois, dont la sérénité d'âme sembloit se proportionner, sans effort, à la multiplicité de nos infortunes, montroit tant de calme, une humeur si

égale

égale que ceux qui le connoissoient peu, ceux qui ne l'avoient pas entendu appeler sa femme et sa *chère Sophie,* auroient pu le croire insensible : il savoit mieux qu'aucun de nous employer et varier ses loisirs, il avoit fait acheter des livres et lisoit beaucoup; mais il travailloit aussi de ses mains, et toujours avec un objet utile ou agréable pour la société commune, il fabriqua lui-même et très-proprement les meubles qui lui étoient les plus nécessaires, il parvint à se faire un violon avec lequel il faisoit danser les nègres, qui l'aimoient beaucoup ; un d'entr'eux qui s'étoit trouvé à *St. Domingue* pendant son administration, avoit beaucoup parlé de lui à ses camarades, et tous le respectoient. *Marbois* entreprit aussi de déblayer et nettoyer les allées d'orangers qui étoient obstruées, il engagea

les

les nègres à y travailler et nous fît
ainsi jouir de cette promenade, la seule
que nous eussions.

Tronçon Ducoudray, avec autant de
courage que son ami, supportoit comme
nous tous les maux présens sans se
plaindre, et couvroit de son mépris les
vils instrumens du supplice : mais il
ne pouvoit se calmer ni se posséder, ni
se taire sur le 18 Fructidor ; l'audace et
l'impunité du crime l'irritoient comme
au premier jour, il étoit encore plus
blessé de l'injustice que le Directoire
avoit impudemment exercée, même
dans ses propres suppositions, il leur
demandoit son accusation ; il demandoit
des juges aux échos de *Sinamary*.
Tronçon écrivoit des mémoires, il travailloit avec tant d'assiduité qu'il ne se
permettoit presque aucune distraction,
et sa santé en souffroit beaucoup ; il
composa

composa l'éloge funèbre de son collègue le général *Murinais*, il nous rassembla pour le prononcer devant nous avec la même solemnité, la même grâce, qu'il déployoit à la tribune du Conseil des Anciens : tous les soldats de la garnison, tous les nègres, accoururent pour l'entendre, il avoit pris pour texte : *Super flumina Babylonis, illic sedimus et flevimus, donec recordamur Sion :* sur les fleuves de Babylone, là nous étions assis, et nous pleurions en nous rappelant Sion.—Sa touchante éloquence, son organe si plein d'harmonie, la vive peinture qu'il fit des malheurs de la France, l'éclat dont il fit briller le courage, la loyauté, la candeur et l'innocence du vieillard nous fit verser des larmes, les soldats et les nègres furent d'abord émus, et puis tellement entraînés, que le fort retentit de leurs

gémisse-

gémissemens. *Jeannet,* à qui on rendit compte de cette touchante scène, fit publier que quiconque chercheroit par ses discours à apitoyer les soldats ou les nègres sur le sort des déportés, seroit fusillé sur le champ.

.*Lafond* portoit sur son front l'empreinte du plus sombre chagrin, il étoit profondément occupé du désordre dans lequel son arrestation avoit dû jeter sa maison de commerce, et celles de ses amis et correspondans; surtout depuis qu'il avoit perdu tous les moyens de correspondre avec eux, et peut-être de former à Cayenne, avec le crédit dont il y pouvoit disposer, de nouvelles entreprises aussi utiles à sa malheureuse patrie qu'à lui-même : il vivoit très-retiré, il ne parloit que de sa famille, de ses six enfans et de

sa

sa femme dont le portrait étoit toujours entre ses mains.

Pichegru, toujours ferme, montoit cette confiance, cette espèce de pressentiment d'un meilleur avenir qui se communique aux autres et que j'aimois à partager. Sa principale occupation fut d'apprendre l'Anglois. Il conservoit et portoit dans ses distractions les habitudes et le ton militaire pour dissiper ses ennuis, il chantoit, nous chantions ensemble, et de préférence des fragmens applicables à notre situation, non des plaintes et des romances, mais des expressions véhémentes, des chansons guerrières.

Barthélemy, si maladif, si frêle, que son existence étoit un miracle sur lequel il n'avoit pas plus compté que ses proscripteurs, avoit une vie intérieure, une force d'âme que son calme extérieur

rieur laissoit à peine présumer, et qui se développoit avec énergie dans toutes les circonstances. Avant qu'on le transportât à l'hôpital de *Cayenne* dans les premiers temps de notre établissement, il s'étoit chargé avec *Le Tellier* du soin le plus utile à la misérable colonie, il faisoit presque continuellement la chasse aux scorpions et à tous les insectes qui nous dévoroient.

Je voudrois fixer ainsi quelques traits de chacun, mais pour ne pas me laisser entraîner à des détails minutieux qui déjà échappent à ma mémoire, je me suis borné à faire ressortir dans ce triste tableau, nos vieillards et nos capitaines, et me suis contenté d'y placer auprès d'eux tous leurs compagnons d'infortune, qui n'ont sans doute pas plus que moi la prétention d'attirer particulièrement les regards,

Mais

Mais je ne puis passer sous silence la conduite, les propos infâmes de *Brothier* dont j'ai déjà fait remarquer la liaison avec *Billaud Varennes*. Il faut séparer ici de notre mémoire celui que notre mépris séparoit de notre société. Je peindrai d'un seul trait ce méchant prêtre, et de la main de son collègue *la Vilheurnois*. Celui-ci, à la suite d'une dispute pendant laquelle les injures les plus grossières ne furent point épargnées, battoit et souffletoit l'abbé. Nous accourûmes à la case. . . . . „ Laissez, „ Messieurs, laissez-moi corriger ce „ drôle-là, nous dit *la Vilheurnois*, ce „ traitement lui est nécessaire, et quand „ vous le connoîtrez, vous me remer- „ cierez, c'est un démon de discorde, et „ l'abbé *Maury* avoit bien raison quand „ il écrivoit aux princes : *s'il ne s'agit que* „ *de tout brouiller, on ne pouvoit mieux*

„ faire

„ *faire que d'envoyer l'abbé Brothier : il*
„ *désuniroit les légions célestes.*"

Aux premiers jours de l'année, *Willot* et *Bourdon* tombèrent malades. Nous demandâmes vainement pour eux la même faveur qu'avoit obtenue *Barthélemy*, et qui, je n'en doute pas, lui a sauvé la vie, car il ne pouvoit recevoir ni des soins plus salutaires ni de plus douces consolations que d'être dans les mains des bonnes sœurs de la charité, et de leur digne amie, *Marie Rose*. *Jeannet* ne voulut jamais permettre que *Willot* et *Bourdon* fussent transportés à *Cayenne*, et il savoit bien qu'à *Sinamary*, la mort frappoit à coups sûrs. Le malheureux *Bourdon* succomba quelque temps après sous cette fièvre dévorante que la chaleur de son sang, et sa rage continuelle contre ses anciens collègues avoient allumée de

plus

plus en plus. *Willot* fut à toute extrémité ; nous suppléâmes de notre mieux
par nos soins au manque absolu de
secours ; je ne puis oublier le zèle et
l'affection avec laquelle *Marbois*, qui,
dans une vive explication politique,
avoit eu à se plaindre de *Willot*, le
servoit pendant sa maladie, préparoit
ses repas, se privoit de ses meilleurs
alimens pendant sa convalescence.

Vers la fin de Janvier, *Barthélemy*
parvint à nous faire savoir qu'un vaisseau Américain venoit d'apporter de
France d'affligeantes nouvelles. L'usur-
pation de la république étoit consom-
mée, les bons citoyens opprimés, les
lois révolutionnaires en vigueur, les
tribunaux de sang rétablis sous le titre
de commissions militaires. Nous dé-
plorâmes le sort de notre malheureuse
patrie,

patrie, et nous cessâmes d'espérer aucun changement prochain au nôtre.

Il paroît que l'agent général *Jeannet* avoit douté jusqu'à cette dernière époque, que le Directoire pût soutenir l'acte de violence du 18 Fructidor, et qu'après avoir renversé la constitution, il fût possible de dominer la France encore une fois par la terréur. Ces nouvelles levèrent ces derniers doutes, et sa politique ne fut que trop bien expliquée par sa conduite à notre égard.

Il renvoya *Barthélemy* encore convalescent au fort de *Sinamary*.

Il fit publier vers la fin de Février, une proclamation, par laquelle il dénonçoit aux nègres les déportés de *Sinamary* comme des royalistes, qui, avant le 18 Fructidor, vouloient les ramener à l'esclavage. Il paroissoit nous dévouer à leurs poignards.

Il

Il défendit aux habitans sous les peines les plus sévères d'avoir aucune communication avec nous. Mr. *Grimond*, procureur-général du département, qui étoit venu voir *Laffon* même avant la défense, fut destitué peu de temps après. Non content de ces éclatantes persécutions, *Jeannet* rechercha et surprit les correspondances de quelques déportés ; il avoit fait annoncer le départ d'un aviso, et avoit prévenu tous les colons qu'ils pouvoient en profiter pour écrire en Europe ; quelques-uns d'entre nous l'avoient appris et hasardèrent de faire passer quelques lettres à *Cayenne* ; au moment où l'aviso, chargé des paquets de toute la colonie, mettoit à la voile, *Jeannet* fit tirer dessus à boulet, le rappela à terre, et s'empara de toute la correspondance.

„ Les

,, Les déportés se plaingnent de moi,"
disoit cet inquisiteur, ,, mais ils béni-
,, roient ma clémence, s'ils connoissoient
" les ordres que j'ai reçus."

Cependant, malgré son zèle à servir
les vues du Directoire, malgré ses
efforts pour se rendre agréable, *Jean-*
net avoit de plus sérieuses craintes : il
jugeoit que les anarchistes remis en
faveur entraîneroient le prétendu gouvernement déjà dirigé par leurs mains,
et que les amis de *Robespierre* n'avoient
qu'un pas à faire ; les nouvelles appor-
tées par l'aviso *l'Aigle* le confirmèrent
tellement dans cette opinion ; il fut si
effrayé, qu'il fit proposer à *Billaud Va-*
rennes d'user de sa liberté ; celui-ci refusa
cette grâce, en ajoutant que *Jeannet*
avoit beau faire, que jamais il n'oublie-
roit sa conduite à son égard, et qu'il l'en
feroit repentir un jour.

A

A peu près dans le même temps, le commandant *Desvieux*, faisant sa tournée des postes, vint visiter le fort de *Sina-mary* : il examina nos cases et entra d'abord dans celle de *Marbois*. Ce court dialogue doit trouver place ici.— Bonjour, déporté *Marbois*, comment vous trouvez-vous ici ? — Fort bien, Monsieur.—Monsieur ! dites-vous, j'aimerois mieux avoir reçu de vous un soufflet que cette injurieuse qualification. Vous manque-t-il quelque chose ? —Rien, Monsieur.—Avez-vous quelque plainte à former ?—Nous ne nous plaignons point.—Au revoir donc.— Au revoir, Monsieur *Desvieux*.—Il fit le tour des cases, et nous trouva tous immobiles, ayant un livre à la main, sans paroître nous apercevoir de sa présence.

Depuis

Depuis le retour de *Barthélemy*, tout prenoit autour de nous un aspect de plus en plus menaçant. Nos communications devenoient plus difficiles; nous savions que *Jeannet* avoit dit : *s'ils ne sont enlevés par les Anglois, ils sont perdus, ils n'ont rien à attendre de la France.* Le lieutenant *Aimé*, dans une de ses visites, nous avoit donné, pour me servir de son expression, la bonne nouvelle qu'on bâtissoit, dans le quártier de *Conamama*, des cases pour trois mille *déportés*. C'étoit au mois d'Avril, vers l'époque des élections, que nous vîmes quinze cent nègres rassemblés avec trente ou quarante blancs, après avoir reçu une ration de rum, voter par ordre du Directoire la nomination de *Monge*, alors commissaire pour la spoliation de l'Italie, à la place de représentant du peuple de *Cayenne*.

Ce

Ce fut alors que nous arrêtâmes entre nous huit, qui mangions ensemble, non encore le projet, mais la ferme résolution de tout hasarder pour nous soustraire par la fuite, et ravir au moins à nos tyrans le plaisir de nous voir périr lentement sous leurs mains de fer.

Barthélemy et son ami *le Tellier*, qui se déterminèrent à lier leur fortune à la nôtre, ne furent admis que les derniers au nombre des *conjurés :* je me sers de cette expression, parcequ'elle a été consacrée par les révolutionnaires, et qu'aux yeux de ces barbares, les victimes, qui détournent seulement la tête du coup qui doit les frapper, commettent un crime d'état ; et celui-là conspire, qui ose défendre sa liberté !

Nous communiquâmes notre dessein à *Marbois,* à *Laffon* et à *Tronçon Ducou-*

dray,

dray, qui ne voulurent point s'y associer ; jamais ils ne se départirent de leur
manière de voir, ils se reposoient sur leur
innocence, comme si elle n'avoit pas
été le premier motif de leur proscription : ils croyoient devoir à leur patrie,
à leur famille, à eux-mêmes, d'attendre
dans les déserts de *Sinamary* le jour où
la nation demanderoit justice. " Oui,
" disoit *Marbois*, qu'on nous fasse jus-
" tice ; justice sévère. Qu'on nous ap-
" pelle devant un tribunal quelconque,
" qu'on nous juge, et dussions-nous être
" immolés, que du moins notre défense
" soit entendue par nos commettans."

Plus irrité par l'injustice, plus impa-
tient de briser mes fers, je préférois
de courir des dangers peut-être moindres, quoique plus grands en apparence,
mais je ne pus m'empêcher d'admirer
cette constance et ce respectable aveu-
glement. Pi-

Divers motifs nous engagèrent à borner notre confiance. Aucun autre déporté n'y fut admis, et le secret fut très-bien gardé.

Le plan de cette évasion varia souvent, selon les moyens que chacun de nous imaginoit tour à tour : l'espoir nous soutint jusqu'au moment de l'exécution, nous n'avions plus une autre pensée, une autre occupation. L'idée qui se présentoit le plus naturellement étoit de se réfugier chez les Indiens, et de tâcher de percer ensuite par l'intérieur du continent jusqu'aux établissemens Portugais : mais nous n'avions point de guides, nous ne pouvions espérer d'en trouver, qui connussent l'idiome et les usages de ces peuples, et qui voulussent se hasarder à nous y conduire ; nous savions que la nation des *Galibis,* la plus voisine des établissemens

mens François dans cette partie, avoit conçu pour eux une grande aversion, et que depuis qu'ils avoient appris l'assassinat du roi des François, commis impunément au milieu de la France, les chefs de ces peuplades avoient interrompu leurs communications. Enfin nous n'avions que des renseignemens très-vagues et n'apercevions que des difficultés insurmontables ; ce projet fut donc rejeté.

Avant de détailler ici le plan que nous adoptâmes, je dois rendre compte de ce qui se passoit autour de nous pendant nos conciliabules et nos apprêts ; j'achève de raconter nos plus grands malheurs, nos derniers motifs pour fuir cette terre de désolation, et je n'aurai plus à m'interrompre en reprénant le récit de notre délivrance.

Le

Le lieutenant *Aimé*, étant tombé malade, fut transporté à *Cayenne* et relevé par Mr. *Fréta*, officier ferme, mais très-honnête ; il fit cesser les impertinences des nègres, nous dispensa des roulemens du tambour à la diane, fit de son mieux pour nous soulager.

Tronçon Ducoudray étoit déjà très-malade, il avoit besoin d'être servi ; il demanda un nègre ; *Jeannet* lui envoya un nommé *Louis*, très-mauvais sujet, qu'il tira de la franchise. Nous savions bien qu'on ne mettroit auprès de nous que des hommes dont on se seroit assuré auparavant ; mais celui-ci étoit d'une impertinence intolérable, il insultoit *Ducoudray*, et le tourmentoit ; celui-ci se plaignit au commandant *Fréta*, qui fit arrêter le nègre et le renvoya à *Cayenne*. Cette conduite irrita *Jeannet*, il rappela sur le champ *Fréta*,

le

le fit de nouveau remplacer par *Aimé*, et ordonna que le nègre seroit reconduit au fort : *Louis* revint donc plus insolent que jamais, et servit le malheureux *Ducoudray* malgré lui.

Nous ne fûmes pas fâchés que Mr. *Fréta* quittât le commandement du fort ; il nous eût été très-pénible de le compromettre par notre fuite.

Voici comment le commandant *Aimé* signala son retour. J'ai déjà fait observer la liaison de l'abbé *Brothier* avec *Billaud Varennes* ; la conduite de ce prêtre nous indignoit chaque jour davantage, il ne parloit que de vengeance, de sang, et de la nouvelle terreur, qui devoit, selon lui, opérer la contre-révolution ; lui faisoit-on quelques observations sur ses cris de vengeance ; il répondoit précisément comme le fameux docteur révolutionnaire : *eh, que m'im-*

m'importe le nombre d'hommes, pourvu que l'espèce reste? Il inventoit d'horribles calomnies et vomissoit des injures contre tout le monde. Nous lui témoignâmes vivement notre mécontentement de sa conduite. Le commandant *Aimé*, pour mettre fin, disoit-il, à nos querelles, nous fit mettre aux fers, vint nous y visiter, et s'apercevant que *Barthélemy* étoit extrêmement souffrant, il lui dit qu'il voyoit bien qu'il n'avoit pas assez de force pour supporter cette punition, qu'il alloit le faire détacher, et l'envoyer aux arrêts dans sa case. Laisse-moi, lui répondit froidement *Barthélemy*, j'ai encore plus de force et de patience que tu n'as de courage, laisse-moi souffrir en paix avec mes compagnons.

L'abbé *Brothier*, très-charitablement, demanda grâce pour nous. Elle lui

fut

fut refusée ; heureusement *Jeannet* prit fort mal l'acte arbitraire du commandant *Aimé*, et dès qu'il en fut informé, il envoya le maire du canton *Vagel*, qui se trouvoit à *Cayenne*, lui porter l'ordre de nous faire sortir.

Dans les premiers jours du mois de Mai, *Tronçon Ducoudray* et *Laffon*, qui mangeoient ensemble, se sentirent presqu'en même temps fort incommodés ; quelques heures après, ils commencèrent à vomir avec violence, et les symptômes les plus effrayans éclatèrent également dans l'un et dans l'autre ; ils souffroient des douleurs aiguës, et n'avoient pas un instant de relâche ; on écrivit sur le champ à *Jeannet* pour lui demander la faveur, qui n'étoit jamais refusée au dernier des criminels, il refusa de faire transférer à l'hôpital nos malheureux amis. Nous ne reçûmes d'abord aucune réponse ; le

danger

danger augmentoit ; dénués de tous secours, nos soins ne pouvoient adoucir
les angoisses de nos malheureux compagnons : nous insistâmes ; *Tronçon
Ducoudray*, déjà enflé et ne pouvant
presque pas se remuer, écrivit à
Jeannet ; cette fois, le monstre répondit
par écrit au commandant *Aimé* : " Je ne
" sais pourquoi ces Messieurs ne cessent
" de m'importuner, ils doivent savoir
" qu'ils n'ont pas été envoyés à *Sinamary*
" pour y vivre éternellement."

Les deux victimes, pour lesquelles
nous avions déjà perdu toute espérance, étoient dans la même case, dans
leur hamac, dans leur lit de mort, en
face l'un de l'autre. Les cris que la
douleur leur arrachoit, retentissoient
au-delà de nos cases ; rien ne put calmer
leurs affreux vomissemens. *Laffon*
surtout hurloit avec force, il levoit les

mains

mains au ciel, appeloit à grands cris sa femme et ses enfans.

Ce supplice dura de 25 à 30 jours; mon cœur se serre toutes les fois que je me rappelle ce triste spectacle : nous nous empressions autour des malheureux ; *Marbois* surtout ne quitta pas un seul instant son ami *Ducoudray*. Je n'oublierai jamais ce zèle ardent de l'amitié, ce courage avec lequel il surmontoit tous les dégoûts, le désespoir qu'on apercevoit dans ses yeux au moment même où il soutenoit les forces de son ami.

Tronçon Ducoudray lutta avec toute l'énergie de son caractère. La veille de sa mort, il se traînoit encore autour du carbet, appuyé sur un nègre. Il entra dans ma case. Je crois voir encore ce spectre ; il s'assit un instant sur mon hamac ; ,, je ne me flatte plus
,, de

„ de vivre, me dit-il, mais si votre
„ projet s'exécute, et que je sois en-
„ core vivant, emportez-moi, je vou-
„ drois exhaler mon dernier soupir hors
„ de cette affreuse prison, mon cher
„ *Ramel*, emportez-moi si vous pouvez."
Il me parla ensuite de ses deux amis *Du-*
mas et *Portalis*, se félicitant de ce qu'ils
avoient évité ce funeste sort, et me
priant, si je les revoyois, de leur dire,
que sa dernière pensée seroit pour eux,
et qu'il leur recommandoit ses enfans
et sa mémoire.

Ce fut son dernier effort, il succomba le lendemain, 27 Mai. Quelques heures avant sa mort, il fit rassembler autour de lui *Barthélemy, le Tellier,*
Pichegru, Marbois, Willot, Aubry,
Dossonville, et *moi.*

Voici quelques-unes de ces dernières paroles. „ Fuyez, mes amis,
M „ fuyez

„ fuyez de *Sinamary*, que le ciel vous
„ favorise ! moi, je vais mourir tout à
„ l'heure ; si jamais vous revoyez mes
„ amis, dites-leur que mon dernier sou-
„ pir a été pour eux et pour mon pays :
„ n'oubliez pas mes enfans. Si jamais la
„ fortune vous favorise, ne troublez
„ pas notre pays, bravez plutôt la
„ misère." Puis soulevant sa tête,
et nous montrant la case de *Brothier :*
„ Il ne parle que de guerre civile, il
„ la désire ; ah ! mes amis, promettez-
„ moi que vous l'empêcherez si vous
„ le pouvez, promettez-le-moi." Il
souffroit encore dans ces derniers instans des douleurs cruelles, il avoit
une soif ardente ; mais tous ses sens,
toutes ses facultés étoient présentes.
Il partagea avec nous ce qu'il lui restoit
d'argent comptant, il nous recommanda
de nouveau d'avoir soin de sa mémoire,

il

il vit couler nos larmes. Il nous dit adieu. Quelques momens avant qu'il expirât, l'abbé *Brothier* vint lui offrir ses secours spirituels, il le remercia, et lui dit seulement : „ J'ai toujours cru „ en Dieu, j'ai toujours eu confiance en „ sa justice." *Marbois* ferma les yeux de son ami.

Laffon, agonisant, et plus affoibli que ne l'avoit été *Ducoudray,* vit cette scène déchirante; et survécut deux jours; absorbé par la douleur, il pouvoit à peine articuler quelques sons; mais il avoit toute sa connoissance, il nommoit seulement ses enfans et sa femme, son dernier regard se fixa et s'éteignit sur son portrait.

Je ne saurois exprimer nos regrets, notre désolation après cette perte, ni la douleur de *Marbois,* ni le deuil profond qui nous environnoit pendant les funé-

M 2   railles.

railles. Leurs dépouilles mortelles furent ensevelies sur le sentier entre le fort et la redoute.

L'abandon et la mort violente de nos amis, la rage effrénée du commandant, qui, lorsqu'on signaloit des vaisseaux ennemis, s'écriait en prenant les armes: „ Ah! vous comptez sur „ les Anglois; mais vous avez beau „ faire, ils ne vous prendront pas vi„ vans." Tant d'atrocités, et l'approche de la saison mortelle des pluies et des ouragans, nous faisoient soupirer ardemment après le jour où nous pourrions affronter librement d'autres périls, pour nous arracher de ce tombeau.

Déjà, avant que *Tronçon Ducoudray* et *Laffon* tombassent malades, notre parti étoit pris. Nous avions, comme je l'ai dit, renoncé à nous réfugier chez

chez les Indiens, et nous étions dé-
cidés à nous confier à la mer. Nous
savions que les habitans de *Surinam*
prenoient un vif intérêt à notre
situation ; ils nous l'avoient fait témoigner, ils avoient même adressé au
général *Pichegru*, une petite provision
de bière et de vivres frais ; elle ne
nous étoit pas parvenue ; mais l'insolence du caboteur François, qui
s'en étoit chargé, et qui vint au fort se
vanter, devant nous, d'avoir bu et
mangé, avec son équipage, ces provisions qui nous étoient destinés par
les généraux Hollandois de *Surinam*,
nous dévoila ce secret important ;
notre espérance en fut d'autant plus
fortifiée ; mais nous n'avions aucune
connoissance de cette côte immense et
inhabitée, nous n'avions aucun moyen
d'y naviguer, les goëlettes, les seuls

M 3

bâti-

bâtimens qui fréquentoient la rivière de *Sinamary* mouilloient à la pointe, à une lieue du fort, et nous ne pouvions espérer de nous soustraire à la vigilance du commandant, ni d'atteindre et d'enlever au mouillage un de ces bâtimens ; point de secours, point d'armes.

Nous nous promenions souvent sur le rempart le long de la rivière, nous fixions en soupirant la côte de l'Ouest. Notre imagination s'épuisoit, nos regards se fatiguoient sur cette vue monotone, et nous n'apercevions ni sur les eaux, ni dans les bois, rien qui pût nous inspirer une idée secourable. Il y avoit au pied de ce bastion, en dehors du fort et au bord de la rivière, une petite pirogue, qui servoit à transporter, à la redoute de la pointe, la garde montante et à ramener l'ancienne.

cienne. Cette petite pirogue avoit ses agrès, étoit consignée au sentinelle, qui étoit posé sur l'angle flanqué du bastion, dans l'intérieur duquel se trouvoit le corps-de-garde. Nous avions souvent regardé la pirogue avec des yeux d'envie, mais ce ne fut que peu à peu, et poussés par le désespoir, que nous nous accoutumâmes à l'idée de nous hasarder en pleine mer sur un si frêle esquif ; aucun de nous ne savoit conduire un bateau, et surtout une pirogue, dont la manœuvre est difficile et périlleuse au milieu des flots. Nous n'avions point de boussole ; il falloit nous confier à quelque Indien ou à quelque matelot.

Notre première tentative échoua, *Pichegru* ayant essayé de séduire un Indien qui venoit vendre des légumes dans le fort ; celui-ci répandit les

M 4

soupçons

soupçons que cette demi-ouverture lui avoit donnés.

Nous hasardâmes de nous ouvrir sans réserve, à une personne qui se trouvoit alors dans le fort, et que je ne dois pas nommer. Si cet écrit tombe dans ses mains, qu'il reçoive ici en secret ce témoignage public de ma reconnoissance, et de celle de mes compagnons ; qu'il apprécie les vrais motifs de ma discrétion, et mes regrets de ne pouvoir publier son nom comme je publie sa bonne action.

Cette personne fut sensible à notre confiance, et la justifia. Elle connoissoit fort bien la côte, et nous confirma dans l'opinion, que nous ne pouvions aller qu'à Surinam, mais en nous donnant, sur les divers postes des *Hollandois*, les renseignemens dont nous étions avides, elle nous assura qu'il n'étoit pas

possible,

possible, que cette pirogue, si petite et si fragile, pût nous conduire jusques là, que nous avions au moins cent lieues de navigation de la rivière de *Sinamary* aux portes du *Fort Orange* et de *Monte-Krick*, qu'il n'y auroit aucune sûreté à prendre terre avant ce point-là, et quand même nous y serions parvenus, il y avoit dans cette colonie Hollandoise une vigilance si sévère, que nous ne devions pas nous faire connoître ; et d'un autre côté, tous les étrangers, qui n'avoient pas de bons passeports, n'y étoient point admis, et en étoient même repoussés. C'étoit par cette police et une administration également ferme et paternelle, que l'ancien gouverneur de cette heureuse colonie, l'avoit conservée à la métropole ; M. de *Frédéricci* s'étoit ainsi maintenu depuis le commencement de la révolution,

dans

dans une égale indépendance et des Anglois dont il avoit refusé la protection, tout prêt à défendre la colonie de *Surinam* contre leurs attaques, et du parti révolutionnaire auquel il réfusoit d'abandonner des propriétés si précieuses à ses concitoyens : combien de nouveaux motifs d'espérance, combien de nouvelles difficultés !

Nous avions un ami à Cayenne, un de ces amis si rares dans le temps où nous vivons, qui ne craignoit pas de se compromettre, et qui, si son nom échappoit à mon indiscrète gratitude, braveroit encore avec courage le ressentiment des tyrans ; nous l'instruisîmes de nos projets ; il ne tarda pas huit jours à nous transmettre par une main amie et sûre, huit passeports tous signés de la main de *Jeannet*, et en tout conformes à ceux qu'il avoit

coutume

coutume de délivrer aux habitans, de la colonie, qui alloient pour leurs affaires dans les colonies voisines.

Ils étoient sous les noms supposés suivans :

celui de *Barthélemy* sous le nom de *Gallois*

Pichegru —	*Picard*
Dossonville —	*Daunon*
Aubry —	*Desailleux*
La Rue —	*Delvezai*
Tellier —	*Tollibois*
Villot —	*Toulouse*
Ramel —	*Frédérick.*

A mesure que notre projet mûrissoit, nous redoublions de précautions pour que nos geoliers n'en pussent rien apprendre ; mais c'étoit surtout vis-à-vis de ceux des déportés, qui n'étoient pas dans notre secret, que nous étions obligés à une circonspection très - difficile.

tile. L'abbé *Brothier* soupçonna le mys-
tère, mais ne parvint pas à le pénétrer ;
il se contentoit de répéter souvent: " On
" se cache de moi, on trame quelque
" chose que je sais fort bien, et je ferai
" prendre les gens sur le fait." Il en
étoit capable, nous ne pouvions étendre davantage le cercle de nos confi-
dences, sans compromettre le succès ;
quand je comptois les conjurés, et que
du haut des remparts je mesurois, d'un
œil furtif, cette étroite pirogue, je la
trouvois bien insuffisante ; cependant
quoique notre troupe fût déjà trop
nombreuse, nous fîmes une dernière
tentative pour déterminer *Marbois* à
venir avec nous, il fut inébranlable
dans sa résolution, comme dans ses opinions : il n'eût pas d'ailleurs abandonné
ses collègues malades, son ami *Ducou-*
dray, et depuis leur mort, il sembloit
qu'il

qu'il fût retenu par la terre qui les avoit reçus.

Ni l'opinion de *Marbois*, ni la pein- ture qu'il nous fit des dangers d'une navigation qu'il connoissoit mieux que nous, ni la peine que nous avions à nous séparer de lui, rien ne put nous détourner d'achever notre entreprise: tant étoient profonds nos ennuis, nos dégoûts, notre horreur pour la prison de *Sinamary* !

Il ne nous manquoit plus qu'un pi- lote; mais où trouver dans ce désert l'homme capable d'un tel dévouement, l'ange qui devoit nous sortir de cet enfer ? voici comment la Providence y parvint.

L'ordre, dit-on, donné par le Di- rectoire de courir sur les vaisseaux neutres, fit sortir du port de *Cayenne*, vers le 20 Mai, une foule de petits cor- saires

saires, dont *Jeannet* excita la cupidité ; l'un de ces corsaires, commandé par le capitaine *Poisvert*, captura à la hauteur de *Sinamary* un bâtiment Américain commandé par le capitaine *Tilly*, qui lui-même étoit propriétaire de la cargaison ; elle consistoit en farine et en divers comestibles, que le capitaine *Tilly* apportoit précisément à *Cayenne* ; il avoit aussi dans sa cargaison une provision précieuse de 40000 bouteilles de vin de Bordeaux, de vin du Rhin, et de différens vins d'Espagne.

La crainte d'être pris à son tour par quelque frégate ou corsaire Anglois, en louvoyant contre les courans pour remonter jusqu'à *Cayenne*, détermina le capitaine *Poisvert* à venir mouiller avec sa prise dans la rade de *Sinamary*, peut-être aussi craignoit-il pour sa proie, le partage du lion—*Jeannet*.

Poisvert

Poisvert amena lui-même au fort de *Sinamary* l'équipage de la prise, et le capitaine *Tilly* qu'il traita avec beaucoup d'égards. Ce fut un grand événement pour le commandant *Aimé*, qui en attendoit quelques profits, et le plaisir de s'enivrer avec du bon vin de Bordeaux ; les nègres et une partie de la garnison furent aussi très-contens d'être employés au débarquement de la cargaison Américaine ; déjà ce mouvement, ce nouvel intérêt étoit pour nous une diversion favorable.

Mais quel fut notre étonnement, quand le capitaine *Tilly* vint vers nous sans témoins, et nous dit en fondant en larmes : Hélas ! c'est vous, infortunés, c'est vous que je cherchois. Je vous savois ici ; j'ai des nouvelles de vos familles et de vos amis, des paquets que j'ai caché dans des barils de farine

aux

auxquels je ne peux plus toucher ; je ne m'attendois pas à être attaqué par un corsaire François ; je me suis laissé affaler sous le vent de *Cayenne*, pour avoir un prétexte de mouiller dans la rade de *Sinamary*, ou dans celle de *Courou*, d'où j'espérois lier avec vous des intelligences et parvenir à vous enlever : le ciel en a disposé autrement ; je devois être votre libérateur, je suis prisonnier avec vous ; que puis-je faire encore pour vous servir ? Qu'on juge de l'impression que durent faire sur nous, dans de telles circonstances, les premières paroles du capitaine *Tilly*. Sa seule présence étoit pour nous un bienfait du ciel ; c'étoit depuis notre emprisonnement à *Sinamary* la seule personne qui eût pu communiquer librement avec nous, et nous donner des nouvelles sûres de notre malheureuse patrie

patrie et de l'état général des affaires,
nous avions appris sans aucun détail,
la paix de *Campo Formio*. *Tilly* mit le
comble à notre étonnement comme à
notre indignation, en nous apprenant
l'invasion de la *Suisse*. *Barthélemy* en
fut surtout très-affecté. Enfin les violences commises envers les *Américains*,
dont il étoit lui-même la preuve trop
évidente, achevèrent de nous convaincre, que nos malheureux concitoyens
étoient entièrement asservis, et qu'il
n'y avoit plus de frein aux usurpations
du Directoire.

La loyauté du capitaine *Tilly*, ses
manières franches et ouvertes, l'intérêt qu'il nous témoignoit, et que
nous pouvions supposer partagé par
la généreuse et libre nation, à laquelle il appartenoit, entraînèrent notre confiance. Nous lui communi-

N quâmes

quâmes notre projet, nous le con-
duisimes sur le rempart en feignant
de nous promener, nous lui montrâmes la pirogue, il frémit : " non, non,
" Messieurs, non dit-il ; ne vous hasar-
" dez pas jusque là, vous périrez certai-
" nement. Cette pirogue ne peut ni
" vous contenir tous, ni vous conduire
" jusqu'à Surinam, croyez-en mon ex-
" périence, cela ne se peut pas." Nous
lui répondîmes que nous étions résolus
à périr, plutôt que de rester entre les
mains des barbares, qu'au reste nous
ne faisions qu'aller librement au devant
d'une mort inévitable, que si nous la
rencontrions prompte et violente dans
le naufrage, le souvenir de la longue
agonie de nos amis en adouciroit les
horreurs. " Eh bien, reprit-il, je ne
" crois pas que vous puissiez échapper
" à tant de dangers, mais ne me refusez
" pas

“ pas de les partager, je veux gou-
“ verner moi-même la pirogue. J'em-
“ menerai mon pilote, mon intrépide
“ *Barrick*, et peut-être que le ciel nous
“ protégera, que les vents nous servi-
“ ront." Dès ce moment, le capitaine
Tilly se montra aussi ardent que nous-
mêmes à protéger notre fuite. Il mit
dans notre confidence le brave *Barrick*,
qui ne balança pas à se dévouer pour
notre salut: nous ne voulûmes jamais
consentir à ce que le capitaine *Tilly*
s'embarquât avec nous, mais il ne
tenoit aucun compte de nos refus, ni
des craintes qu'il nous avoit lui-même
inspiré sur la petitesse du canot.

Tout étant prêt, il ne nous restoit
plus qu'à choisir le moment favorable
pour tromper la vigilance du commandant *Aimé*, échapper à celle de *Brothier*,
attaquer le poste, ou du moins la

senti-

sentinelle qui veilloit sur la pirogue, sortir du fort pour l'enlever, enfin gagner la haute mer, avant que l'alerte fût donnée à la garnison.

En se rappelant ce que j'ai dit des services secrets qui nous furent rendus par quelques personnes, on pourra présumer les soins qu'elles prirent pour nous aider à vaincre ces dernières difficultés, et sans désigner précisément les individus, il suffira qu'on connoisse les moyens qui furent employés.

C'étoit le 1er Juin; nous touchions presque au jour marqué, à la scène préparée pour faciliter notre entreprise, et nous approchions du dénouement sous l'augure sinistre des funérailles de notre ami. Sa perte étoit encore récente, lorsque le capitaine *Tilly* nous annonça, que *Jeannet* avoit donné l'ordre de le transférer à *Cayenne* avec tout son

équi-

équipage, et qu'il devoit être embarqué dès le lendemain, ce fût un coup de foudre ; nous en fûmes presqu'abattus : *Tilly* vouloit absolument se sacrifier et se cacher dans les bois jusqu'au lendemain, 3 Juin, dernier terme de notre cruelle attente, et courir à la pirogue, au signal convenu. Nous eûmes beaucoup de peines à obtenir de lui, qu'il cédât au brave *Barrick* l'honneur de cette belle action. Nous lui observâmes que la disparution de *Barrick* au moment où l'on feroit l'appel de l'équipage de la prise, éveilleroit moins les soupçons, que celle du capitaine, dont les visites aux déportés et les promenades avec eux n'avoient été déjà que trop remarquées. *Tilly* ne se rendit encore qu'avec peine à cette dernière considération ; il nous quitta pour aller s'exposer à de plus grands dangers que

N 3 nous,

nous, et porter tout le poids de la fureur de *Jeannet*, soit que nous fussions
assez heureux pour nous échapper,
soit que nous eussions le malheur d'être
découverts et arrêtés avec *Barrick*.
Tilly ne songeoit qu'à nous, et s'il nous
savoit une fois arrivés à *Surinam*, il lui
importoit peu ce qu'on feroit de lui.
Quels adieux ! Qui de nous osa se
fiatter de te revoir, incomparable
Tilly ?

Barrick disparut à l'instant, et se
cacha dans les bois. Il fut convenu
que le sur-lendemain, 3 Juin, au coup
de neuf heures, il se trouveroit au bord
de la rivière sous le bastion, et sauteroit
dans la pirogue, au moment où il nous
verroit paroître ; mais nous étions fort
inquiets du sort de *Barrick*, qui fut
presque dévoré par les monstres ; il
ne put se défendre du serpent et du
terrible

terrible *Cayman*, qu'en demeurant pendant trente-six heures perché sur un arbre, où il n'étoit point à l'abri des tigres.

Le capitaine *Poisvert* avoit invité le commandant du fort à venir dîner le 3 Juin, à bord de la prise Américaine; il vouloit témoigner sa reconnoissance du bon accueil et des secours qu'il avoit reçu de la garnison, qui, deux jours auparavant, avoit fait très-bonne contenance vis-à-vis d'un corsaire Anglois, qui s'étoit approché du mouillage. Pendant qu'il donnoit un beau repas, et présentoit les vins les plus précieux au commandant, il faisoit donner à la garnison du gros vin de Bordeaux. Une jeune fille, qui étoit arrivée de *Cayenne* depuis quelques jours, en faisoit les honneurs, et distribuoit les bouteilles de vin avec profusion aux

N 4 soldats

soldats dans leurs cazernes, dans le corps-de-garde, aux nègres dans leurs cases, aux sentinelles à leurs postes, aux déportés dans leur hangard ; ah ! que cette journée nous parut longue ! avec quel intérêt nous suivions des yeux cette jeune fille, si joyeuse de verser des rasades aux soldats déjà enivrés, son activité, sa sollicitude nous servirent à souhait.

Tous burent largement, et nous aussi, nous eûmes l'air de prendre part à cette orgie, nous feignîmes une querelle entre nous pendant notre dîner ; afin d'éloigner d'autant plus les moindres indices du complot, *Aubry* et *Larue* injurièrent *Barthélemy*, *le Tellier* s'en mêla, *Dossonville* et *Pichegru* se menacèrent ; *Willot* et *moi* paroissions vouloir pacifier, les verres et les assiettes voloient, le vacarme fût à tel point

point que les autres déportés accoururent pour les séparer : l'abbé *Brothier*
lui-même nous engagea à mettre fin à
ce scandale qui s'accrut d'autant plus.
Barthélemy fut le plus inhabile à feindre,
et dans un faux geste de fureur cassant
froidement son verre, un éclat de rire
manqua de le trahir.

La nuit s'approchoit, nous vîmes
rentrer chez lui le commandant *Aimé*,
tout à fait ivre et qu'on portoit comme
s'il eût été mort. Le silence avoit
succédé aux chants, aux cris des
buveurs, les soldats et les nègres
étoient couchés çà et là, le service
oublié, le corps-de-garde abandonné.

Avant de nous retirer dans nos
cases, nous fîmes nos adieux à *Marbois*, pour qui cette séparation fut un
pénible sacrifice, et qui regarda ce moment comme notre dernière heure.—
Elle

Elle sonna cette dernière heure de notre séjour à *Sinamary*, neuf heures sonnèrent, *Dossonville* qui veilloit, avertit chacun de nous. Nous sortîmes, et nous nous rassemblâmes vers la porte du fort dont le pont n'étoit point encore levé. Tout dormoit d'un sommeil profond. Je monte avec *Pichegru* et *Aubry* sur le bastion du corps-de-garde, et je vais droit au sentinelle, (c'étoit ce misérable tambour qui nous avoit tant tourmenté) je lui demande l'heure qu'il est, il fixe les étoiles. Je lui saute à la gorge, *Pichegru* le désarme, nous l'entraînons en le serrant pour l'empêcher de crier, nous étions sur le parapet, l'homme se débat fortement, nous échappe, et tombe dans la rivière ; nous rejoignons nos camarades au pied du rempart, et n'apercevant personne dans le corps-de-garde, nous courons

y prendre des armes, et des cartouches; nous sortons du fort, nous
volons à la pirogue; *Barrick* étoit là,
il vient au devant de nous, il nous aide,
il nous porte dans la pirogue, *Barthélemy* infirme et moins agile que nous,
se laisse tomber et s'enfonce dans la
vase, *Barrick* le saisit d'un bras vigou-
reux, le retire, le met dans la
pirogue, le cable est coupé. *Barrick*
tient le gouvernail, immobiles, silen-
cieux, nous nous laissons aller au fil
de l'eau, les courans et la marée en-
traînent le léger esquif, nous écou-
tons et n'entendons que le murmure
des eaux, et de la brise de terre qui
bientôt enfle notre petite voile. Nous
cessons de voir le tombeau de
Sinamary.

Quand nous approchâmes de la
redoute de la pointe qu'il falloit passer,

nous

nous amenâmes la voile afin d'être moins apperçus. Nous savions que les huit hommes qui étoient de garde à la redoute, avoient reçu leur bonne part des bienfaits du capitaine *Poisvert*, et qu'ils devoient s'être enivrés comme leurs camarades. Nous ne fûmes point hélés; la marée nous porta au delà de la barre, nous laissâmes à notre droite le vaisseau de notre brave ami *Tilly*, nous passâmes tout près de la goëlette *la Victoire* qui venoit d'arriver de *Cayenne*, et que nous savions être commandée par l'honnête capitaine *Brochet*, que notre fuite a dû bien réjouir, et qui certainement ne s'y seroit point opposé.

La brise fraîchit; la mer étoit belle, mais en gagnant le large nous courions le risque de nous égarer; et si nous suivions la côte de trop près, nous pou-

pouvions nous briser sur les écueils dont elle est parsemée jusqu'à *Iraconbo* ; la lune parut tout à coup, comme pour éclairer notre marche, ce moment fût délicieux, nous nous félicitâmes, nous remerciâmes la Providence, et notre généreux pilote *Barrick*, qui étoit dans un état affreux, enflé et meurtri par les piqûres de moustiques.

Nous voguions heureusement depuis environ deux heures, lorsque nous entendîmes trois coups de *canon* ; deux du fort de *Sinamary*, et un de la redoute de la pointe : bientôt après le poste d'*Iraconbo* répéta les trois coups de *canon* : nous ne pûmes douter que notre fuite ne fût découverte, nous ne redoutions déjà plus les poursuites directes de *Sinamary*, où il n'y avoit pas un seul bateau qui peut être armé, nous avions d'ailleurs assez d'avance, les

bâti-

bâtimens que, nous avions laissé en rade auroient seuls pu nous donner la chasse ; mais les capitaines *Poisvert* et *Brochet*, auxquels le commandant *Aimé* ne pouvoit donner des ordres, n'auroient point appareillé sans un ordre de *Jeannet*.

Nous n'avions donc à redouter que le détachement *d'Iraconbo*, que nous savions n'être composé que de 12 hommes, ils ne pouvoient venir à notre rencontre, que dans un bateau à peu près comme le nôtre avec huit ou dix hommes armés ; nous continuâmes à ranger la côte, préparant nos armes, et bien déterminés à nous défendre si nous étions attaqués, ou qu'on cherchât à nous barrer le passage sous le fort *d'Iraconbo*.

A quatre heures du matin, deux coups de *canon* se firent entendre dans

l'Est

(207)

l'Est, et dans la minute il y fut répondu par un coup qui partit presqu'à
nos oreilles, nous étions devant le fort, il
étoit nuit encore, rien ne parut, nous
marchions bien, et quand le jour se fit
nous nous trouvâmes sous le vent
d'*Iraconbo*, nous n'avions plus à craindre
d'être poursuivis, il nous restoit à vaincre les dangers de la mer.

Notre pirogue étoit si petite, et si
rase que les moindres vagues la remplissoient, et nous étions obligés de
travailler sans cesse à la vuider avec
une calebasse ; la pirogue étoit si légère,
que le moindre mouvement pouvoit la
faire chavirer : nous fûmes au moment
de périr de cette manière par une im-
prudence dont je fus seul coupable : je
ramois, un faux coup ayant engagé
mon aviron, mon chapeau tomba dans
la mer, je me penchai vivement pour
le

le reprendre, mon poids entraîna si subitement la pirogue hors de son équilibre, qu'elle ne se rétablit que fort difficilement, elle fût toute remplie d'eau ; l'adresse de *Barrick* et l'activité avec laquelle nous travaillâmes, nous releva ; je fus sévèrement réprimandé par *Pichegru*, que nous avions fait notre capitaine, *Barthélemy*, encore tout noir de la vase de *Sinamary*, profita de cette occasion pour se laver : j'eus le malheur de perdre mon chapeau, et ne pus défendre ma tête des rayons ardens du soleil, qu'en me faisant un turban de feuilles de *bannaniers*, que les nègres pêcheurs avoient laissé dans le fond de la pirogue.

Nous n'avions ni boussole ni instrument pour prendre hauteur, nous pouvions nous égarer dans la nuit, le moindre coup de vent pouvoit nous

arracher

arracher de la côte lorsque nous étions forcés de tenir le large, à cause des rochers, ou des courans qui se trouvent aux embouchures des rivières. Il nous avoit été impossible de nous charger d'aucune provision, nous n'avions pas même du biscuit ni de l'eau : *le Tellier* avoit apporté seulement deux bouteilles de rum : nous étions persuadés que les vents qui soufflent constamment d'Est en Ouest, le long de cette côte, nous porteroient en deux jours à la hauteur de *Monte-Krick*, et qu'il suffiroit de soutenir nos forces jusque là par une liqueur spiritueuse.

Nous souffrîmes beaucoup de la chaleur pendant la journée du quatre, cependant la brise étoit bonne : nous rangions la côte, et quand la nuit nous en déroba la vue, nous nous estimions déjà par le travers de l'embouchure de la rivière de *Marowni*, dont les deux rives forment les limites respectives des possessions Françoises et Hollandoises, et qui n'est guères qu'à 40 lieues au vent du poste de *Monte-Krick*; à onze heures du soir au lever de la lune, nous n'aperçûmes ni dans la conformation des terres, ni dans le mouvement des eaux, rien qui nous annonçât l'embouchure d'une grande rivière. Le cinq, nous ne fûmes pas plus heureux, nous poursuivîmes notre route jusque à la nuit, sans avoir connoissance de la rivière ni du fort de *Marowni*, nous étions vraisemblablement encore un peu au vent et en deçà de la rivière d'Amaribo, partie de la côte qui se relève un peu vers le Nord-Ouest, et ne permet pas de découvrir fort au loin.

Le 6, un calme plat nous surprit, une faim cruelle nous tourmentoit, nous
n'avions

rien mangé depuis trois jours, nous étions desséchés par le soleil, dont l'ardeur n'étoit plus tempérée par la brise, n'étant plus distraits par le mouvement, ni soutenu par l'espoir prochain d'atteindre le terme de notre fatigante navigation, nous vîmes toute l'horreur de notre situation ; nous cherchions à relever notre courage, nous n'avions plus rien à attendre des secours humains, plus rien de nos efforts trompés par les élémens. C'est dans ce jour de désespoir que nous nous excitâmes mutuellement à sacrifier nos justes ressentimens, à ne pas nous laisser entraîner par la vengeance ; nous jurâmes devant Dieu, de ne jamais porter les armes contre notre patrie, nous nous résignâmes à la volonté de la Providence.

 Le

Le lendemain 7 Juin, quatrième jour de notre navigation, le vent s'éleva et fraîchit un peu vers huit heures du matin : à dix heures, nous nous trouvâmes en vue du fort de *Marowni* et par le travers de l'embouchure de la rivière, que les bas-fonds, les ressifs, et les courans rendent très-dangereuse. Nous ne franchîmes ces obstacles qu'avec beaucoup de fatigue et de danger ; nous fûmes très-inquiétés par des requins monstrueux, qui entouroient et assailloient notre pirogue, nous les éloignâmes à coup de fusil.

Nous supportions avec patience le tourment de la faim, jusqu'à nous égayer par des plaisanteries, sur les divers symptômes de nos souffrances, nous cherchions des yeux, mais toujours vainement, le fort et la rivière d'Orange, d'Orange ; sur les 6 heures du soir, nous fûmes encore retenus par le calme.

Le 8 à trois heures du matin, les vents ayant fraîchi de nouveau, nous nous remîmes en route. A une heure, nous aperçûmes le fort *Orange*, nous le doublâmes, dans l'intention de ne mettre à terre qu'au poste de *Monte-Krick*, comme on nous l'avoit recommandé : nous nous trouvions vis-à-vis le fort à une bonne portée de canon, lorsque nous fûmes salués de plusieurs coups à boulet de gros calibre, qui se succé-doient si vivement, que nous eussions été infailliblement atteints et coulés bas, si nous n'avions gagnés le large. Cette rigueur nous fit redouter encore plus d'accoster la terre. Nous avons su depuis, qu'on avoit voulu seulement nous forcer d'arborer notre pavillon, nous n'en avions point.

O 3

Vers

Vers quatre heures après midi, le temps s'obscurcit, le vent augmenta, nous allions très-vîte, et cependant nous avions peine à fuir devant la lame qui nous poussoit vers la côte ; notre brave pilote espéroit pouvoir atteindre *Monte-Krick* avant l'orage, mais nous ne pûmes tenir plus longtemps : nous risquions à chaque instant d'être engloutis, *Barrick* dirige la pirogue vers le rivage ; au moment où nous l'atteignions, une forte vague se brise, et nous fait chavirer ; la marée étoit basse, nous nous enfonçâmes dans la vase et malgré les efforts qu'il fallut faire pour nous dégager, malgré l'orage affreux qui fondoit sur nous, nous n'abandonnâmes point la pirogue et nous parvînmes à la retourner.

Enfin nous prenons terre, ignorant où nous étions, ni s'il nous seroit possible

d'aller

d'aller le long de la côte jusques au fort *Orange*, dont nous nous estimions à huit lieues, quoiqu'il ne fût distant que de quatre.

Nous étions exténués de fatigue et de faim, nos haillons étoient tous mouillés et couverts de fange, nous n'avions d'abri qu'un bois couvert d'insectes et de reptiles ; nous avions perdu dans le naufrage nos armes et nos munitions ; et comme la nuit s'approchoit, nous entendions les hurlemens des tigres dans les intervalles du mugissement des vagues.

Quelle horrible nuit ! les vents déchaînés, une pluie de déluge, un froid pénétrant. Nous recueillîmes le reste de nos forces, et nous travaillâmes toute la nuit à retenir notre pirogue, que les vagues entraînoient, et qui malgré nos efforts fut très-endom-

magée.

magée. Croira-t-on qu'il nous resta assez de forces pour une telle manœuvre, après avoir souffert la faim et enduré tant de fatigues, pendant 5 jours et 6 nuits ? Nous étions tous nus dans la mer, luttant contre les flots, qui nous arrachoient notre dernière espérance. *Barthélemy*, malgré ses infirmités, travailloit avec nous, et nous donna l'exemple de la patience et du courage, pendant cette nuit épouvantable.

Au point du jour (c'étoit le 9 Juin, et le sixième depuis notre départ de *Sinamary*), nous nous regardions avec une mutuelle pitié, nous étions transis de froid, nous nous sentions tout prêts de succomber, mais nous nous consolions encore, en disant, " du moins nous ne mourrons pas entre leurs mains."

Pichegru avoit sauvé du naufrage sa pipe et son briquet, nous parvînmes à faire

à faire du feu, nous séchâmes nos vêtemens : le ciel redevint serein, mais le
vent souffloit avec furie.

Nous étions couchés à plat ventre
sur le sable, ne pouvant nous défendre
de la piqûre des insectes, et des mor-
sures des crabes.

Le *Tellier* avoit si bien ménagé la
petite provision de rum, qu'il en restoit
encore une demi-bouteille, nous avions
le cœur si serré, que nous n'avions
pas la force d'avaler, nous nous raf-
fraîchissions seulement la bouche et
les lèvres.

Pendant cette journée du 9, le *Tellier*, héroïque ami de *Barthélemy*, lui
avoit arrangé un petit abri avec des
branches d'arbres, et pendant qu'il reposoit ou plutôt qu'il s'éteignoit, le
Tellier, oubliant ses propres souffrances,
chassoit les insectes avec un léger

ra-

rameau, et les écartoit du visage et des mains de son maître. Quel dévouement ! quelle part glorieuse le *Tellier* prit à nos malheurs !

Le soir le temps redevint obscur ; nous eûmes encore à travailler une partie de la nuit pendant la marée pour conserver la pirogue, n'ayant aucun autre moyen pour la fixer : comme les tigres nous approchoient beaucoup, nous ranimâmes notre feu, et nous passâmes ainsi le reste de cette seconde nuit depuis notre naufrage, et la septième depuis notre évasion.

Le 10 Juin au point du jour, nous aperçûmes, au loin, un vaisseau que *Barrick* reconnut pour être corsaire Anglois.

Nous étions blottis sous des arbres, où nous avions fait une espèce de cabane : j'en sortis à 6 heures du matin.

matin pour examiner le temps et notre pirogue, j'avois à peine fait quelques pas en me traînant, que j'aperçois sur le rivage à environ deux cents pas, deux hommes armés, qui venoient vers nous, j'accours et crie, *voilà des hommes :* tous nos malheureux se lèvent à la fois, *Barrick*, qui étoit le plus malade, à cause des piqûres des moustiques *de Sinamary*, *Barrick* s'élance, je lui montre les deux hommes, il part comme un trait, nous nous cachons pour ne pas effrayer par le nombre. En voyant accourir le pauvre *Barrick* qui n'avoit plus figure humaine, les deux soldats s'arrêtent et le couchent en joue, il tombe à genoux, lève ses mains suppliantes, pousse des cris, fait des signes, montre la pirogue ; les soldats l'écoutent, s'approchent de lui ; nous les entourons. C'étoient

deux

deux soldats Allemands de la garnison
de *Monte-Krick*. *Pichegru* leur parla,
et nous apprîmes que nous n'étions
qu'à trois lieues du fort de *Monte-Krick*.
Ces soldats étoient envoyés en ordonnance au fort *Orange*, où ils ne pouvoient manquer de rendre compte du
nombre et de l'état des naufragés ;
nous nous décidâmes à députer deux
d'entre nous, vers le commandant du
fort, pour lui demander des secours,
exhiber nos passeports, et lui cacher
qui nous étions.

Barthélemy et *la Rue* furent choisis,
nous leur fîmes boire le reste du
rum, ils partirent.   Au moment où
ils arrivèrent au fort *Orange*, le commandant disposoit un piquet de 50
hommes pour venir nous enlever. Nos
envoyés exposèrent les motifs de notre
voyage comme marchands, et tous les
détails

détails du naufrage, dans lequel nous
avions perdu toutes nos provisions et
nos effets : ils ajoutèrent, que le mauvais état de notre pirogue presque
brisée, ne nous avoit pas permis de
nous remettre en mer après la tempête. Le commandant les accueillit avec
beaucoup d'humanité, et pendant qu'il
leur fit donner à manger, il envoya
des ouvriers et des nègres pour réparer notre pirogue, nous aider à la
remettre à flot, et tâcher de retrouver
nos prétendues marchandises. Nous
vîmes arriver de loin cette troupe d'environ vingt personnes, qui ne laissa pas
de nous inquiéter jusqu'à ce que deux
de ces ouvriers, qui parloient François,
nous eussent expliqué les ordres qu'ils
avoient reçus ; nous les menâmes vers
la pirogue, ils la tirèrent à terre, et
se mirent à la réparer avec le plus

grand

grand zèle, beaucoup d'adresse et d'activité.

· A six heures du soir, *Barthélemy* et *la Rue* arrivèrent, ils étoient si joyeux et si troublés, qu'ils ne songèrent pas à nous apporter une bouteille d'eau. Nous ne pouvions comprendre que *Barthélemy* eût retrouvé assez de force, pour fournir une course de huit lieues sur des sables brûlans.

Notre pirogue étoit déjà réparée, les flots paroissoient apaisés, nous aurions bien voulu nous embarquer sur le champ, mais il falloit attendre la marée, les ouvriers que nous récompensâmes de notre mieux, et que nous étions fâchés de retenir pendant la nuit, avoient ordre de ne pas nous quitter que nous ne fussions en mer. L'état de *Barrick* empiroit; cette nuit, que nous devions passer encore au milieu

des

des insectes, pouvoit être la dernière
pour *Barrick :* qu'on n'oublie point que
ce brave homme, dont la force physique
égaloit le courage et la vertu, avoit
souffert un cruel supplice, pendant les
deux jours qu'il avoit passé dans les
bois de *Sinamary* pour attendre le moment de notre évasion. Nous n'avions
plus un instant à perdre pour sauver
notre sauveur.

Le 11 Juin au point du jour, *Barthélemy, la Rue, Aubry* et *Dossonville,* s'a-
cheminèrent à pied le long de la plage
vers le fort de *Monte-Krick,* pour y demander asile, pour les pauvres marchands naufragés, et nous faire préparer à manger.

Quelques heures après, à la haute
marée, *Pichegru, Willot, le Tellier* et *moi,*
nous remontâmes dans la pirogue, que
les ouvriers poussèrent vigoureusement

au

au large en nous disant adieu. *Barrick,*
mourant, reprit le gouvernail, et un
peu avant midi, la pirogue entra heureusement dans la petite rivière de
Monte-Krick. Nous débarquâmes. *Barrick* triomphant reçut, par ce succès,
le prix le plus doux de son généreux
dévouement. Le commandant du poste
de *Monte - Krick* avoit déjà très-bien
accueilli nos compagnons, et nous avoit
fait donner une case vaste, propre et
commode sur le bord du crick ; quel
moment que celui de notre réunion
dans cette case ! Nos amis nous avoient
préparé deux poules, du riz et du pain
— — du pain qui, cette fois, fut ar-
rosé de larmes de joie et de reconnoissance : nous vivions, nous avions échappé à nos bourreaux, aux dangers de
la mer, à la famine ; nous étions libres ! — — — —

Après

Après avoir pris un peu de nourriture, avec beaucoup de précautions, nous amarâmes notre pirogue qui nous sembloit un être animé, et pour laquelle nous avions tous conçu une affection reconnoissante.

Nous nous rendîmes ensuite auprès du capitaine qui commandoit au fort, et que notre arrivée avoit jeté dans un grand embarras. Il ne trouvoit aucune vraisemblance dans le rapport que nous lui faisions comme marchands, notre dénuement, nos haillons démentoient cette fable, et pourtant notre langage démentoit notre misère. Il ne revenoit pas de sa surprise en considérant notre pirogue, et l'audace avec laquelle nous nous étions hasardés en pleine mer. Ce capitaine parloit François; nous fîmes de notre mieux pour le persuader : nous lui montrâmes nos passe-

ports,

ports, et nous observâmes qu'il avoit, auprès de son miroir, un exemplaire de signalement des déportés que *Jeannet* avoit fait imprimer et répandu dans les colonies voisines et dans tous les postes de la côte. Ce brave commandant, qui, sans s'inquiéter davantage de la vérité de notre histoire, nous traita bien, par cela seul que nous étions malheureux, nous montra lui-même ce signalement sans se douter de rien, comme il nous l'a assuré depuis, et certes il eût été difficile de reconnoître aucun de nous ; il nous demanda si nous avions touché à *Sinamary*, nous répondîmes que non. " Eh que font," nous dit-il " ces malheureux *Pichegru* et *Bar-* " *thélemy*, et leurs compagnons d'infor- " tune ?" Nous lui dîmes qu'ils avoient été bien malheureux, mais que dans ce moment ils espéroient que leur sort alloit changer. Après

Après avoir pourvu à nos premiers besoins, le commandant du poste nous prévint qu'il alloit rendre compte de notre arrivée au gouverneur de la colonie ; il ne nous cacha pas le motif de la surveillance qui lui étoit particulièrement recommandée à l'égard des François. La colonie de *Surinam* étoit préservée, par la vigilance de son chef, des troubles qui avoient ruiné toutes les possessions Françoises. Les nègres esclaves y étoient mieux traités, plus heureux, et par conséquent plus laborieux, que s'ils avoient reçu le funeste présent d'une liberté illusoire. *Jeannet*, mécontent de quelque refus à des demandes indiscrètes d'argent ou de vivres, avoit dit, qu'il sauroit bien se venger de ces *aristocrates*, et *qu'il révolutionneroit Surinam*. Ainsi les commandants des forts de la côte avoient ordre

P 2   d'observer

d'observer de près les François qui aborderoient.

Nous écrivîmes au gouverneur, nous lui exposions en peu de mots les atrocités commises envers nous, tant en France qu'à *Sinamary*, notre évasion, notre naufrage : nous réclamions au nom de l'humanité et de l'honneur, protection et sûreté.

Il y a 24 lieues de *Monte-Krick* à *Paramaribo*, capitale de la colonie de *Surinam*, où le gouverneur fait sa résidence.

Nous passâmes la journée du 12 à nous reposer, à soigner ceux d'entre nous que les premiers rafraîchissemens rappeloient plus difficilement à la vie, *Dossonville* chez qui se développoient les symptômes d'une grave maladie, et le pauvre *Barick* qui avoit une fièvre ardente.

Nous

Nous étions tous hideux, brûlés par le soleil, et par la réverbération de la mer, enflés et déchirés par les piqûres des insectes : nos vêtemens n'étoient pas en meilleur état que nos corps : quelques-uns n'avoient pas de souliers ; nous rajustâmes de notre mieux nos guenilles, nous rougissions, non pour nous, mais pour notre patrie, de paroître en cet état aux yeux des étrangers.

Le 13 au matin, un colon dont l'habitation n'est pas éloignée de *Monte-Krick*, vint nous prier de venir chez lui, et nous fit les offres les plus obligeantes sans soupçonner qui nous étions ; il insista pour nous emmener chez lui sur le champ, nous nous disposions à le suivre, lorsque *Willot* de qui c'étoit le tour de service pour garder notre chère pirogue, aperçut de loin un cavalier, et

P 3

nous

nous appela. *Pichegru* reconnut les marques distinctives du service de Hollande, et nous assura que c'étoit un officier supérieur. Celui-ci, à la vue de notre case désignée sans doute dans le rapport du commandant, pique des deux, met pied à terre, monte dans la chambre où nous étions rassemblés, et demande avec une extrême agitation, "M. *Gallois*, M. *Picard*, êtes-vous ici ?" *Barthélemy* et *Pichegru* se présentent vêtus d'une mauvaise veste de toile grise, le général Hollandois fit un mouvement de surprise et d'indignation, puis il les embrassa plusieurs fois et nous pressa tour à tour dans ses bras, ne pouvant pendant quelques instans proférer une seule parole.

" Messieurs, nous dit-il, après un
" instant de dilatation, vous avez bien
" jugé notre gouverneur, il vous attend
" avec

" avec impatience, et tous les habitans
" de *Surinam* sont également touchés
" de vos malheurs."

Nous fondions en larmes, et l'excès
de la joie manqua d'être funeste à quelques-uns de nous. Brave et sensible
Hollandois, reçois ici l'hommage d'une
reconnoisance dont la prudence en-
chaîne les expressions.

En quittant *Monte-Krick*, nous nous
séparâmes à regret de notre pirogue
que nous avions baptisée *San Salvador*,
et que nous aurions bien voulu pouvoir
emmener avec nous. A quelque dis-
tance de la case, nous trouvâmes, sur
le canal de *Monte-Krick*, deux gondoles,
qui nous attendoient ; dans la première,
on avoit préparé des rafraîchissemens,
dans la seconde des habits, du linge,
des souliers. Pour concevoir la sensa-
tion délicieuse que nous éprouvâmes,

il faudroit avoir comme nous enduré tous nus sur une plage brûlante les ardeurs du soleil, et le froid pénétrant de la pluie d'orage et des rosées. Ce même jour, Dimanche 13 Juin, nous fûmes coucher à l'habitation d'un ami de Mr. le Gouverneur, qui, prévenu par lui de notre arrivée à *Monte-Krick*, avoit exigé que nous prissions gîte chez lui, regrettant d'être retenu à la ville par des affaires de commerce, et de ne pouvoir venir lui-même au devant de nous ; mais il avoit donné ordre qu'on nous préparât des logemens et des vivres. Quelle agréable surprise, et quelle impression produisit sur nous cette habitation ! Nous sortions des enfers, nous entrions dans un élysée, nous ne pouvions nous lasser d'admirer ces vastes jardins, ces bosquets, une belle maison, une table somptueusement servie,

de

de superbes appartemens, des lits enfin.

Après le souper, les nègres et les
nègresses exécutèrent des danses, comme pour nous faire oublier les outrages
de *Sinamary*.

Le 14 au matin, après avoir goûté
un repos qui depuis long-temps nous
étoit inconnu, nous nous rembarquâmes
dans les gondoles et nous descendîmes
la rivière de *Comervine*, admirant la
richesse des plantations qui bordent ses
rives, la multiplicité et la propreté des
canaux, l'élégance des jardins, la
magnificence des bâtimens. Nous entrâmes dans la rivière de *Surinam*, et
nous arrivâmes à midi à une habitation
où nous étions attendus, plusieurs
des principaux colons s'y étoient réunis ;
nous les apercevions sur le rivage. A
peine étions-nous abordés qu'ils s'élan-
cèrent

cèrent dans notre bateau, et vinrent nous embrasser avec une effusion toute fraternelle.

Nous fûmes traités avec une magnificence qui contrastoit honorablement avec nos barbes longues et nos visages calcinés.

La marée nous permit de repartir vers les 4 heures ; après une heure de navigation, nous rencontrâmes une belle gondole, c'étoit le gouverneur lui-même qui venoit à notre rencontre. Nous étions impatiens de connoître notre bienfaiteur ; il passa dans notre barque, nous considéra, nous embrassa avec une vive émotion, et nous dit : " soyez les bien venus ; oubliez, s'il se " peut, vos malheurs, je ferai tout ce qui " sera en mon pouvoir pour en effacer " la trace. Nous sommes tous heureux " de vous recevoir, disposez de la " colonie

" colonie toute entière, disposez surtout
" de moi."

Nous passâmes sous le fort *Nassau* qui
nous salu de 50 coups de canon répétés
coup pour coup par le sort *d'Amsterdam*
sur la rive droite : les batteries de *Paramaribo* répondoient. Nous n'étions
plus qu'à une lieue de la ville, le jour
tomboit, il étoit nuit close quand nous
entrâmes dans le port.

Toute la ville étoit illuminée, la garnison et les milices coloniales étoient
sous les armes, nous débarquâmes au
bruit de la mousqueterie et de l'artillerie
de la place et de la flotte. Les applau-
dissemens, les cris d'allégresse retentissoient autour de nous ; le peuple se
pressoit sur notre passage, vouloit nous
voir, nous porter dans ses bras ; au
milieu de cette nombreuse escorte, de
ce spectacle ravissant d'un peuple heureux

reux et généreux, nous arrivâmes au palais du gouverneur.

Son épouse nous reçut avec autant de grâce que de sensibilité; l'impression que firent nos malheurs sur cette femme intéressante fut si profonde que nous dûmes plusieurs fois éviter sa présence parce qu'elle en étoit trop émue.

Le gouverneur retint chez lui *Barthélemy* et son fidèle *le Tellier*; les principaux habitans se disputèrent le plaisir de nous loger. Tous nous comblèrent de témoignages d'estime et d'affection. Je devrois décrire les repas, les parties de campagne par lesquelles les habitans de *Paramaribo*, s'empressèrent de nous montrer la joie qu'ils ressentoient de nous voir au milieu d'eux. On connoît la richesse et le luxe des habitans de *Surinam*, l'état florissant de cette colonie, l'aspect riant de ses cultures, l'agrél'agrément de la navigation intérieure, la pompe des établissemens publics et celle des maisons particulières. On peut se représenter aisément des fêtes, mais ce qu'on peut imaginer, ce dont les exemples sont trop rares, c'est cette bienveillante humanité animant tout un peuple, et rendant vivantes, dans toutes les classes d'individus, les vertus du gouvernement. C'étoit ce sentiment, et non point une vaine curiosité, que nous rencontrions dans nos respectables hôtes ; bien loin de nous fatiguer de questions sur les maux que nous avions soufferts, on évitoit au contraire de nous en parler ; mais l'horrible tableau de *Sinamary*, la captivité de ceux de nos compagnons qui y étoient encore détenus, peut-être plus dure à cause de notre évasion, enfin la situation du brave capitaine *Tilly* tombé entre les

mains

mains de *Jeannet*, toutes ces réflexions nous poursuivoient, et si quelquefois elles nous faisoient mieux sentir le prix des bienfaits de la Providence, et la douceur de notre situation présente, souvent aussi de cruels souvenirs troubloient ces riantes images.

Les jours s'écouloient rapidement : le 18 Juin, un caboteur de *Cayenne*, le Cap. *David*, arriva à *Paramaribo*, chargé des dépêches de *Jeannet* pour le gouverneur. Il l'instruisoit de notre évasion, et terminoit ainsi sa lettre :

„ Si ces messieurs n'ont pas été pris
„ par les corsaires Anglois, s'ils n'ont
„ pas péri, ce que je crains, il n'est pas
„ douteux, qu'ils doivent être réfugiés
„ dans votre colonie ; dans ce dernier
„ cas, je dois à ma place de les réclamer,
„ au nom du Directoire, comme pri-
„ sonniers d'état ; si vous parvenez à
„ les

„ les découvrir, je vous prie, et même
„ vous requiers de les faire arrêter ; mais
„ je vous supplie de n'user envers eux
„ d'aucune violence, et de leur accorder
„ tous les égards dus à leur malheur."

Le gouverneur répondit qu'il n'a-
voit point eu connoissance de l'évasion
de MM. *Barthélemy, Pichegru,* &c.—
„ Mais qu'il étoit arrivé depuis quelques
„ jours à *Paramaribo,* huit marchands
„ et un matelot, qu'il lui envoyoit leur
„ signalement et les passeports qu'ils
„ avoient produit ; qu'au reste il pou-
„ voit être assuré de ses ménagemens
„ pour les déportés, s'ils arrivoient chez
„ lui." Le capitaine *David* fut bien traité, et il auroit pu expliquer à *Jeannet*
(bien étonné, sans doute, de reconnoître
sa signature au bas des huit passeports)
le véritable sens de la lettre dont il étoit
porteur : il repartit pour *Cayenne.* Nous
avions

avions appris, par le capitaine *David*, la fâcheuse nouvelle de l'arrivée de la frégate *la Décade*, qui mouilla à la rade de *Cayenne* le 6 Juin, 3 jours après notre départ, et qui avoit à bord 193 déportés ; dans ce nombre étoient deux membres du conseil des 500, *Gilbert Desmolières* et *Job Aimé*, l'un et l'autre étoient presque mourans.

Nous étions loin de concevoir aucune crainte des réclamations officielles du proconsul de la *Guyane*, mais comme s'il on eût voulu nous rassurer par de nouvelles preuves de bienveillance, il n'y a sorte de bons traitemens, et même d'amusemens, qui ne nous fussent prodigués.

Cependant nous désirions vivement de passer quelques jours à la campagne. La plupart d'entre nous n'avoient pu reprendre assez de forces

pour

pour se livrer aux plaisirs qui nous étoient offerts de tous côtés. Nous avions tous besoin d'un profond repos, nous soupirions après le climat d'Europe, et nous étions résolus après avoir rétabli nos malades, et profité pendant quelques jours encore des soins généreux du bon gouverneur et de ses amis, de nous embarquer sous pavillon neutre, pour passer dans le Nord de l'Europe ; *Barthélemy* étoit si languissant, que nous n'espérions pas qu'il pût nous suivre, et le gouverneur jugeant qu'il n'étoit pas en état de soutenir la mer, le pressoit d'y renoncer, et de rester chez lui : *Dossonville* fut aux portes du trépas ; les remèdes, les secours de l'art nous furent prodigués, et quand on connut nos projets, on fit tous les efforts possibles, pour nous en détourner : on vouloit, disoit-on, nous retenir,

Q

nous

nous garder à *Surinam*, jusqu'à ce que nous fussions rappelés dans notre patrie.

Nous retournâmes à la ville le 27, et nous fûmes bien surpris d'y trouver un second envoyé de *Cayenne*, qui apportoit au gouverneur la réponse de *Jeannet* à la sienne.

Dans cette seconde lettre, il avouoit que les passeports des prétendus marchands étoient en effet signés de lui, mais il affirmoit que les négocians *Gallois*, *Picard* et autres, n'avoient jamais existé dans la colonie de la *Guyane*, qu'il n'ignoroit point que *Barthélemy*, *Pichegru*, et six autres déportés étoient à *Paramaribo*, qu'il le sommoit de nous faire arrêter et qu'il en rendoit compte à son gouvernement.

D'après cette lettre, nous offrîmes au gouverneur de disparoître sur le champ,

champ, et de nous tenir cachés jusques au moment de notre départ pour
St. Thomas, qui étoit déjà arrêté. Mais
cet homme loyal auroit considéré cette
précaution comme un acte de foiblesse.

Cependant ne voulant pas devenir
un sujet de querelle, et peut-être de
représailles révolutionnaires de la part
de *Jeannet*, nous prîmes le 28 au soir
la résolution de nous arracher de
Surinam. *Dossonville* étoit mieux et
voulut partir avec nous. *Barthélemy*
nous fit promettre de l'attendre à *St.
Thomas*.

Dans la journée du 29, on acheva
nos apprêts ; ce fut au nom de la colonie
que l'on fit fréter pour nous un petit
bâtiment très-commode appartenant à
Mr. Sticle ; on le pourvut abondam-
ment de vivres et de rafraîchissemens
et le pilote qui le commandoit reçut

<table>
<tr><td>Q 2</td><td>ordre</td></tr>
</table>

ordre de suivre ceux que nous lui donnerions. Nous fîmes nos adieux à *Barrick* qui fut comblé de présens par le gouverneur et par les habitans de *Surinam*; nous n'avions à lui offrir et nous n'aurions pu lui faire accepter que les témoignages de notre reconnoissance; nous lui promîmes de la publier, au milieu de nos concitoyens, et si nous le pouvions dans toute l'Europe, j'ai acquitté une foible partie de cette dette. *Barrick* partit peu de jours après pour *Philadelphie*.

Le 30 Juin, à quatre heures après midi, *Pichegru*, *Willot*, *Larue*, *Aubry*, *Dossonville*, et moi, nous quittâmes *Paramaribo* pour aller coucher à l'habitation de notre brave officier, qui se trouve au fond de l'anse, où notre bâtiment descendit aussi pour nous attendre: nous reçûmes les plus touchans adieux

des

des habitans de *Paramaribo*. Le gouverneur et les principaux officiers se rendirent à ladite habitation : plusieurs habitans s'y réunirent; *Barthélemy*, quoique très-malade ce jour-là, s'y fit transporter avec son inséparable *le Tellier*.

Quand je me rappelle les embrassemens de nos bienfaiteurs, leurs derniers adieux au bord de la mer, je sens couler mes larmes, et je n'essaye point d'exprimer ce que je ressentis en ce moment. Notre patriarche *Barthélemy* ne pouvoit ni parler, ni presque se mouvoir, il nous bénissoit de ses regards, et de ses mains affoiblies. Ce fut vers les huit heures du soir que nous nous arrachâmes des bras de tous ces braves gens, et que nous nous jetâmes dans un canot, pour aller à notre vaisseau. Mr. de *Badenbourg*, ancien officier de cavalerie au service de *Hollande*, frère

du

du gouverneur de *Berbiche*, s'embarqua avec nous : il retournoit auprès de son frère, et devoit nous quitter à l'entrée de la rivière de *Berbiche*.

On leva l'ancre, nos adieux étoient entendus et répétés par nos amis ; le rivage que nous apercevions à peine, retentit encore pendant quelques instans de ces derniers sons — adieu — soyez heureux — adieu, n'oubliez pas *Surinam*.

La mer étoit très-houleuse. Nous courions à l'Ouest en rangeant la côte, lorsque vers minuit, un coup de canon à boulet nous força d'amener. C'étoit un corsaire Anglois qui s'étoit approché de nous, sans que notre pilote s'en fût aperçu : le corsaire trouvant que nous n'amenions pas assez promptement, tira un second coup, et quand il fût à portée, il nous salua d'une décharge à mitraille :

mitraille : il nous hêla ; nous répondîmes que nous venions de *Surinam*, et
que nous allions à *Berbiche* en parle-
mentaires : il ne s'en tint pas là et voulut nous visiter. La nuit étoit noire,
les deux bâtimens s'abordèrent ; le
capitaine Anglois examina nos dépêches,
et les passeports qu'on nous avoit fait
délivrer ; il avoit compté sur une bonne
capture, il enleva nos fruits, retira son
escorte, et nous laissa continuer notre
route.

Le lendemain, 1er Juillet, à la pointe
du jour, nouvelle alerte ; un coup de
canon nous avertit d'amener ; nous
voulons l'éviter, un second coup part ;
et celui-ci fut si bien dirigé que le vent
du boulet renversa le pilote qui tenoit le
gouvernail. Notre bâtiment, n'étant plus
dirigé, fùt entraîné par les courans par
le travers de la rivière de *Corentin*, dans

la-

laquelle nous nous trouvions ; nous manquâmes chavirer.

Quelles furent notre surprise et nos craintes, quand nous nous entendîmes héler en François ? Je n'aperçus que des nègres sur le pont, et je ne doutai pas que nous ne fussions tombés entre les mains d'un corsaire de *Hugues*, surtout quand je vis le capitaine mettre son canot à la mer manœuvré par six nègres. Mr. de *Badenbourg* qui n'étoit pas plus tranquille que nous, monte sur le pont, et après avoir fixé un instant le canot, s'écrie : " bon jour, capitaine *Anderson*, je vous reconnois, comment vous portez-vous ?" Nous respirâmes. C'étoit en effet le capitaine *Anderson*, qui peu de temps auparavant avoit visité, à la hauteur des *Canaries*, le bâtiment sur lequel se trouvoit Mr. *Badenbourg* en venant d'*Europe :* il fût très-honnête,

et

et quand il apprit qui nous étions, il nous offrit de nous escorter ; il nous assura que la côte étoit infestée des corsaires de *Hugues*. Le lendemain, 2 Juillet, à la pointe du jour, notre pilote eut connoissance de la rivière de *Berbiche*, et s'en approcha pour pouvoir mettre à terre Mr. de *Badenbourg*. Comme nous nous disposions à mettre notre canot à la mer, un vaisseau, que nous avions observé depuis quelques heures, nous tira plusieurs coups de canon. Nous avions jugé que c'étoit un vaisseau Anglois ; mais sa manœuvre, et son obstination à nous faire amener, quoiqu'il nous vit louvoyer à l'entrée de la rivière de *Berbiche*, nous persuada que c'étoit un corsaire François : et en effet à peine fûmes-nous sous le canon du fort St. André, qu'il vint mouiller hors de la portée pour bloquer la rivière.

Nous

Nous nous déterminâmes à relâcher nous-mêmes à *Berbiche*, colonie Hollandoise occupée par les Anglois : nous priâmes Mr. *Badenbourg* de demander asile pour nous à son frère, jusqu'à ce que nous pussions repartir en sûreté.

Nous remontâmes la rivière à la faveur de la marée, et peu de temps après que nous fûmes séparés de Mr. de *Babenbourg*, deux voitures d'eau vinrent nous prendre à notre bord, et nous fûmes conduits à la maison du gouverneur ; nous reçûmes le bon accueil que nous devions attendre du frère de notre loyal compagnon de voyage.

Nous lui dîmes que, poursuivis par de corsaires, nous lui demandions asile et protection : voici littéralement sa réponse.

« Soyez

" Soyez tranquilles, Messieurs, vous
" êtes ici sous la protection du gouver-
" nement Anglois, mais je dois vous dé-
" mander votre parole d'honneur de ne
" point sortir des terres qui sont sous
" l'autorité de Sa Majesté Britannique,
" sans l'assentiment du gouvernement."

Nous n'étions déjà plus libres de nous retirer. Nous reconnûmes l'impossibilité d'atteindre l'isle Danoise de *St. Thomas*, sans tomber entre les mains des corsaires par lesquels *Victor Hugues*, instruit de notre fuite, nous faisoit poursuivre ; nous donnâmes notre parole, et nous nous livrâmes avec confiance aux soins de Mr. de *Badenbourg*.

Ce gouverneur, et tous les habitans de la colonie s'empressèrent de nous accueillir comme nous l'avions été à *Surinam*, Mad. de *Badenbourg*, l'une des plus intéressantes personnes qu'il

soit

soit possible de rencontrer, modèle de grâces et de vertus, au milieu de sa nombreuse et charmante famille, nous prodigua ses soins et ses dons, et n'oublia rien de ce qui pouvoit nous rendre agréable le séjour que nous fîmes à *Berbiche*.

Mr. le Colonel *Hislop*, commandant des forces militaires de Sa Majesté Britannique, dans les colonies de *Berbiche* et de *Démérari*, ayant été prévenu de notre arrivée, se rendit à *Berbiche*. Il nous dit que le G^al. *Boyard*, commandant de toutes les forces de terre aux Isles-du-Vent, venoit de lui expédier l'ordre de nous faire parvenir à la *Martinique*, et que pour nous garantir des corsaires, l'Amiral *Hervey* avoit expédié une frégate qui étoit attendue le 14 : c'étoit le 9 que nous devions être rendus à *Démérari*.

Le

Le colonel ajouta aux offres généreuses de la protection du gouvernement Anglois l'expression de sa sensibilité à nos malheurs, et de son zèle à
nous servir.

Nous quittâmes avec beaucoup de
regrets Mr. de *Badenbourg* et sa famille;
je conserverai toute ma vie l'impression
que je reçus du caractère, des qualités
aimables, du genre d'esprit, de l'indépendance des opinions de Mr. de *Badenbourg*. C'est un sage occupé du bonheur des hommes, employant sa vie à
répandre des bienfaits et de bons exemples.

Le Colonel *Hislop* nous avoit offert
de nous faire conduire à *Démérari* par
terre ; nous préférâmes la voie plus
prompte de la mer, et nous nous embarquâmes sur le bricq le *Poisson Volant*,
le 9 Juillet, à onze heures du matin ;

le

le soir du même jour, nous mouillâmes à l'embouchure de la rivière de *Démérari.*

Nous débarquâmes le lendemain dans cette belle colonie que le gouvernement Anglois s'attache à faire fleurir, et dans laquelle on remarque une plus grande activité que dans toutes celles de cette côte, à cause des fréquentes communications avec les *Antilles.* Mr. *Beaujou,* chef du gouvernement civil, nous accueillit de la manière la plus affectueuse, et tous les habitans montrèrent à l'envi la part qu'ils prenoient à notre évasion miraculeuse. Le Colonel *Hislop* nous reçut chez lui, et nous combla de politesses. Ses manières nobles annoncent une âme élevée. Depuis long-temps je le connoissois de réputation, je m'étois trouvé à la sanglante affaire de la reprise de *Toulon,* où

le

le Colonel *Hislop*, alors aide-de-camp du général *O'Hara*, se distingua par un trait d'humanité. On incendioit les vaisseaux qu'on n'avoit pu armer ; le feu gagnoit le Thémistocles, dans lequel étoient renfermés 1600 habitans réputés terroristes, *Hislop* les sauva au péril de sa vie.

Ce fut dans la traversée de *Berbiche* à *Démérari* que *Willot* et *Aubry* se sentirent attaqués de la maladie dangereuse qui les sépara de nous ; ils tombèrent dès le lendemain dans un état de délire ; les médecins nous annoncèrent qu'ils ne pourroient pas s'embarquer avec nous, et qu'il y avoit peu d'espoir qu'on pût les sauver ; quelques jours après, *Aubry* respirant à peine, étoit tenu pour mort et *Willot* étoit agonisant. Quel affreux spectacle ! quel triste départ ! Des huit déportés échappés dans la

pirogue

pirogue quatre seulement, *Pichegru,* *Dossonville, Larue* et *moi,* nous nous embarquâmes le 17, sur la frégate Anglaise *la Grue,* commandée par le Capitaine *Hello.*

Le 20, nous passâmes à la vue de la *Trinité* et de *Tabago.*

Le 22, nous doublâmes l'Isle de *St. Vincent.*

Le 24, nous étions devant la *Martinique,* les vents nous empêchèrent d'entrer dans la baie du *Fort Royal :* nous continuâmes notre route pour *St. Christophe* où étoit le rendez-vous général du convoi des *Antilles* : nous mouillâmes le 27.

Depuis plusieurs jours, j'avois été attaqué de la fièvre jaune, et si violemment que je perdis connoissance avant que nous eussions vue de la *Martinique.* Je ne recouvrai l'usage de ma raison

que

que le 22 Août, environ un mois après. Je ne sais rien de ce qui se passa autour de moi pendant cette longue agonie. Je me trouvai dans un autre vaisseau sans pouvoir me souvenir du moment où nous avions été transférés de la frégate *la Grue*, sur la frégate *l'Aimable*, commandée par le capitaine *Grenville Lobb* : *Pichegru* et *Dossonville* étoient aussi mal que moi, nous étions tous les trois dans la chambre du capitaine, et nous ne fûmes en état de nous parler pour la première fois, que vers la fin du mois d'Août. Nous devons tous les trois notre existence au courage et aux soins du capitaine *Lobb*. Jamais on ne fit d'une manière plus simple un si grand sacrifice. Il ne nous quitta pas un seul instant, malgré la contagion de la fièvre jaune, plus redoutée et plus redoutable que la *peste*; il couchoit dans

R   la

la même chambre que nous, veilloit
lui-même aux soins pénibles et dé-
goûtans qu'exigeoit notre situation ;
lorsqu'après notre long délire, nous
aperçûmes pour la première fois ce
héros de l'humanité, nous ne pouvions
ni concevoir ni admirer assez une si
haute vertu, jamais nous ne pûmes
obtenir de lui qu'il s'éloignat de nous,
et songeât à sa conversation, après
avoir assuré la nôtre.

Depuis le 36me jusqu'au 50me degré, nous eumes une affreuse tempête,
pendant laquelle nous vimes périr 4
bâtimens du convoi, et la flûte *l'E-
trusio* qui s'engloutit après avoir perdu
tous ses mâts.

J'élague les détails de notre fatigante navigation qui dura 64 jours.

Le 20 7bre, on eut vue de la terre ;
nous entrâmes dans la Manche, où,

contre

contre notre attente, nous trouvâmes
des vents très-doux, et la mer belle,
nous découvrîmes les côtes d'Angleterre, et bientôt après celles de France :
je tressaillis en les voyant, et je fus
profondément attristé, mon cœur s'é-
chappoit toujours de ce côté, et je
ne pouvois comprendre qu'au-delà de
cet horizon il n'y eut plus pour moi
de patrie.

Le 21 7bre, jour anniversaire de
notre départ de *Rochefort*, nous mouillâmes à la rade de *Deal*.

Le capitaine *Lobb* alla prendre les
ordres de l'amiral *Peyton*, on ne nous
permit pas de descendre à terre. On
rendit compte au gouvernement de
notre arrivée.

Le 24, la frégate *l'Aimable*, qui avoit
été fort avariée pendant la tempête, et
qui ne pouvoit tenir plus long-temps en

R 2 rade,

rade, dut se rendre à *Sheerness*. Nous fîmes nos adieux au capitaine *Lobb* dont l'intérêt et les recommandations nous avoient précédés, et nous suivirent à bord du vaisseau amiral l'Over-Yssel, où nous fûmes transportés ; les officiers Anglois redoublèrent envers nous de soins et de prévenances comme pour nous montrer que les nobles procédés du capitaine *Lobb* n'étoient pas seulement un effet de son caractère particulier, mais encore de la générosité qui distingue les officiers de la marine Angloise.

Le 27, le gouvernement ayant donné ordre de nous faire venir à *Londres*, nous fumes embarqués sur un *cutter*, dont le commandant nous combla d'attentions. Nous mouillâmes à *Sheerness*. Ce jour-là même, le général *Pichegru*, qui étoit très-malade, fût transporté à Londres :

Londres : nous allâmes l'y joindre le lendemain.

Nous fûmes conduits chez Monsieur *Wickam*, chargé sous Mgr. le Duc de *Portland*, dans le département de l'intérieur, de toutes les affaires relatives aux étrangers ; il nous reçut avec beaucoup de politesse, et nous témoigna la part qu'il prenoit à nos malheurs ; il nous assura que nous trouverions auprès du gouvernement Anglois asile, sûreté, et tous les secours dus par l'humanité aux victimes d'une barbarie sans exemple. Mr. *Wickam* exprima dans cette première conversation, et répéta dans plusieurs autres ses vœux pour la paix, et pour l'affranchissement de notre patrie. Il me dit en particulier le lendemain, qu'il étoit instruit du désir que j'avois montré, de passer le plutôt qu'il me seroit possible sur le continent,

R 3

et

et qu'on m'en donneroit les moyens de manière à ce que je ne courusse pas le danger d'être pris.

Le 2 Octobre, 2 jours après notre arrivée à *Londres*, nous avions rendez-vous chez Mr. *Wickam*, lorsqu'en y entrant, nous nous nommâmes pour nous faire annoncer, un homme, ou plutôt un squelette, que nous avions remarqué dans un coin de la salle, étend les bras vers nous, se lève, et s'écrie, *ah ! mes amis, vous êtes sauvés, tous mes maux sont finis, tous mes malheurs sont oubliés.* Il s'avance avec peine, nous l'entourons. Je suis *Tilly*, dit-il. *Tilly, Tilly,* notre libérateur ! et nous n'avions pu le reconnoître, tant il étoit défiguré ; nous restâmes quelques instans confondus dans les bras les uns des autres, sans pouvoir nous parler ; nous arrosions ses mains de nos larmes.

" Hélas,

" Hélas, dit-il, ni moi non plus, si
" vous ne vous étiez nommés, je n'au-
" rois pu vous reconnoître." Nous nous
pressions réciproquement de questions ;
il voulut d'abord être instruit de notre
sort, et de celui de son brave *Barrick* ;
il satisfit ensuite à notre empressement
à peu près en ces termes :

" On reçut, nous dit-il, à *Cayenne*,
le 5 Juin, la nouvelle de votre évasion,
la joie fut universelle, et si vivement
manifestée que *Jeannet* n'osa pas heur-
ter l'opinion publique, et répondit
aux habitans qui lui en parlèrent :
" Que ne sont-ils tous partis ?" On m'a-
voit laissé libre sur ma parole dans la
ville de *Cayenne* ; aucun soupçon ne
m'avoit encore atteint.

" Le 6 Juin, la frégate *la Décade* arriva de France. Elle portoit 193 déportés. *Jeannet* reçut ses paquets, rien ne

R 4

transpira

transpira de leur contenu. On apprit seulement que plusieurs des déportés présens, des écrivains journalistes, et des prêtres étoient à bord ; la consternation succéda à la joie qu'avoit causé votre fuite. Vers les 9 heures du soir, *Jeannet* me fit prier de venir prendre le thé chez lui ; il avoit, disoit-il, des objets relatifs au commerce à me communiquer. Comme dans l'audience qu'il m'avoit donné à mon arrivée de *Sinamary*, il m'avoit paru blâmer les agressions injustes du Directoire contre les Américains, et qu'il m'avoit assuré que c'étoit à regret qu'il exécutoit de tels ordres, et plus encore les ordres barbares relatifs à votre détention ; je me rendis cette fois chez lui avec confiance : il redoubla de politesse, et quand nous fûmes tête à tête, il me dit :

" Vous

" Vous savez les nouvelles de France,
" la tyrannie est à son comble ; voilà
" encore de malheureux déportés que le
" Directoire envoie, à peine 8 des pré-
" miers sont-ils échappés que 193 les
" remplacent.   Je ne veux pas être plus
" long-temps le geolier, et le bourreau de
" mes concitoyens, pour soutenir l'impu-
" nité de ces cinq brigands ; je suis déci-
" dé à abandonner la colonie.   Je vais
" acheter votre brick, et je vous le ren-
" drai à Philadelphie si vous voulez vous
" charger de m'y transporter."

" Je remerciai *Jeannet* de sa confiance ;
je répondis de mon dévouement, et
l'encourageai dans sa bonne disposition.

" Je sais que vous êtes un honnête
" homme, reprit-il, je vous connois ; et
" vous avez dû voir par mon silence,
" combien je répugne à faire du mal ;
" je sais que c'est vous qui avez facilité
" l'évasion

" l'évasion des déportés de *Sinamary*, je
" ne vous en ai fait aucun reproche,
" mais je pense que vous n'auriez pas
" dû compromettre ainsi votre pilote."

" Je ne balançai point à répondre loyalement à cette dernière ouverture, et non-seulement j'avouai tout ce que nous avions fait à *Sinamary*, mais je profitai de cette occasion pour prévenir *Jeannet*, qu'outre les paquets que je vous avois remis, il y en avoit d'autres sur mon bâtiment dans un baril de farine dont j'indiquai le numéro.

" A peine avois-je achevé ces indiscrets et funestes aveux, que *Jeannet* se leva furieux, renversa la table qui étoit entre nous, appela sa garde, me fit saisir et enchaîner ; et jura que dès le lendemain il me feroit fufiller. Je fus conduit dans la prison du fort.

J'avois

« J'avois fait le sacrifice de ma vie, mais *Jeannet* n'osa pas consommer son crime, soit que les murmures des habitans l'aient retenu, soit qu'il ait craint de perdre les sommes qu'il a, dit-on, placé en *Amérique*. Je fus jeté dans un cachot avec les fers aux pieds et aux mains, et ne reçus pour toute nourriture, que du pain et de l'eau. Dans cette affreuse prison, où j'ai passé les deux mois de Juin et Juillet, on m'ôta jusqu'à la consolation de m'être utilement sacrifié pour votre salut, en m'assurant que vous aviez été rencontrés et coulés bas par un corsaire de *Cayenne*.

« Dans la nuit du 1er Août, on vint m'enlever de ma prison, mais sans me délivrer de mes fers ; je fus conduit à bord de la frégate la *Décade* qui retournoit en France ; on me jeta avec mes

chaînes

chaînes dans la fosse aux lions. Je compris trop bien que *Jeannet* voulant détourner de lui la colère des Directeurs, ne m'avoit conservé que pour me livrer à eux, et que j'étois destiné à assouvir leur vengeance. Le capitaine de la *Décade* eut ordre de me traiter comme vous l'aviez été, je n'eus d'autre nourriture que de l'eau.

" Une fièvre ardente acheva de me consumer ; j'étois prêt d'expirer le 3 7bre. ; lorsqu'à la hauteur du Cap Finistère, la frégate la *Décade* fût rencontrée, attaquée, enlevée par le commodore *Pecuel*, commandant une frégate de même force : ce brave marin me délivra et me fit transporter à *Portsmouth* ; j'obtins la permission de venir à *Londres*, malgré l'état où vous me voyez, je veux aller voir et consoler ma famille qui me croit perdu:

" main-

maintenant que je vous ai vu, je n'ai plus une autre pensée."

Le capitaine *Tilly* avoit déjà fait ses apprêts, et venoit prendre congé de Mr. *Wickam*; il passa trois jours avec nous, et nous eûmes la satisfaction de voir, que la certitude de notre salut, ce prix si doux de ces nobles sacrifices, contribuoit au rétablissement de sa santé.

Il est inutile que j'ajoute que le gouvernement Anglois a disputé aux compatriotes de *Tilly* le plaisir de reconnoître sa belle action, par des témoignages publics d'estime et de considération, et en lui prodiguant les secours qui lui étoient nécessaires.

Pour nous, il n'est point d'égards, de soins délicats dont nous n'ayons été comblés; et il n'est pas possible d'ajouter à ces procédés plus de grâce et de préve-

prévenance ; j'en profitai jusques au moment où ma santé me permit de soutenir la mer.

Je me séparai le 19 au soir de mes compagnons d'infortune.

Je m'embarquai à *Yarmouth* le 21 Octobre et j'arrivai le 29 à *Hambourg.*

Mon récit est terminé, et par conséquent cet écrit. Je n'ai pas la prétention de donner des leçons de politique. Si j'avois des talens, je les consacrerois au rapprochement des partis également intéressées au rétablissement de l'ordre, de la morale et de la foi publique ; je voudrois par cet intérêt, par ce sentiment commun, amortir les haines, et arrêter le cours des dissentions civiles. Les raisons se présentent en foule pour soutenir cette belle cause ; que ceux-là la fassent triompher, qui ont plus que moi le droit de se faire

écouter.

écouter. Je ne suis qu'un soldat, et ne puis offrir à ma patrie que mon bras et mon sang ; et l'un et l'autre, tant que je respirerai, seront, je le répète, dévoués à la conquête ou à la conservation de son indépendance et des droits de mes concitoyens.

FIN.

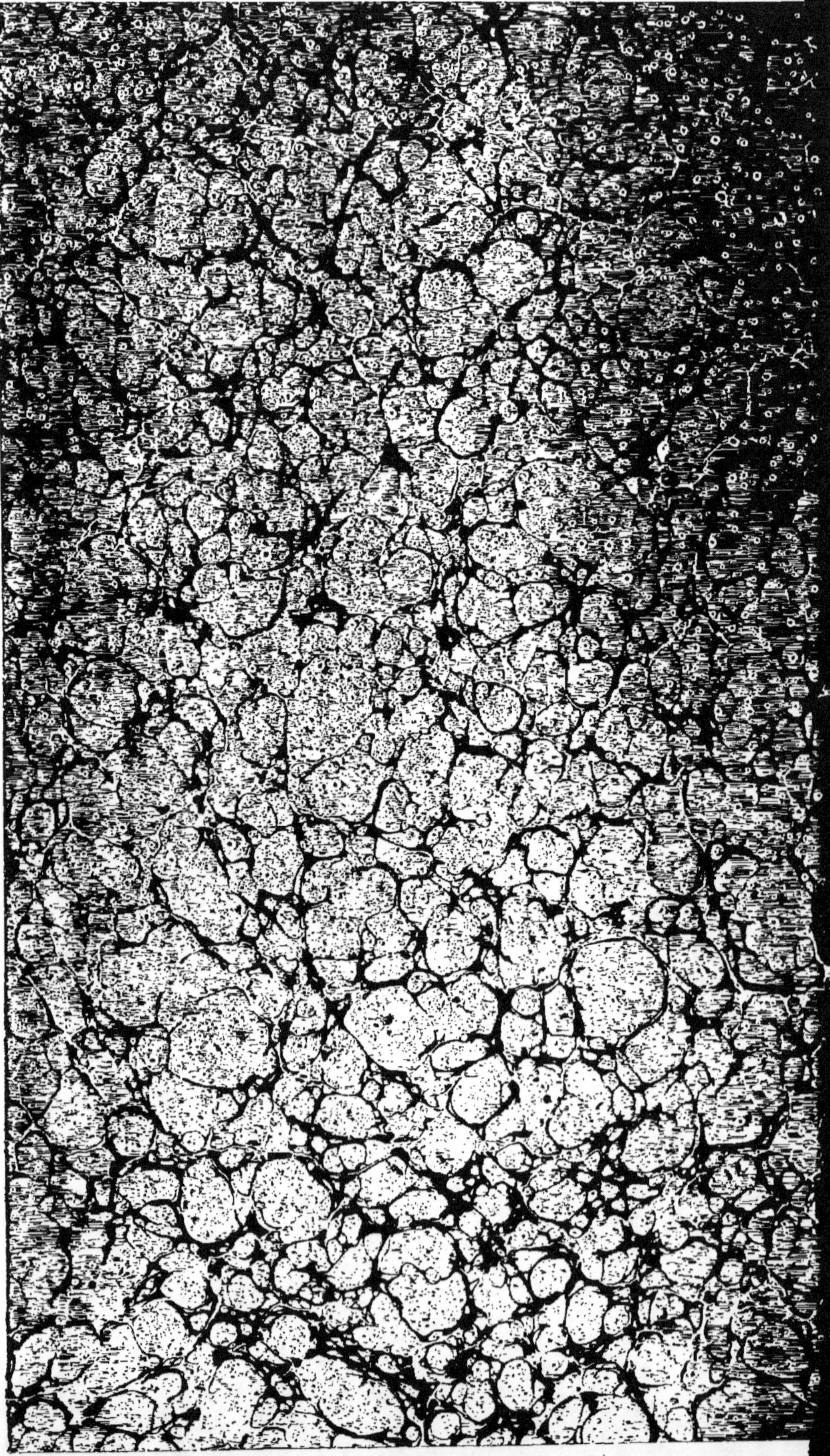

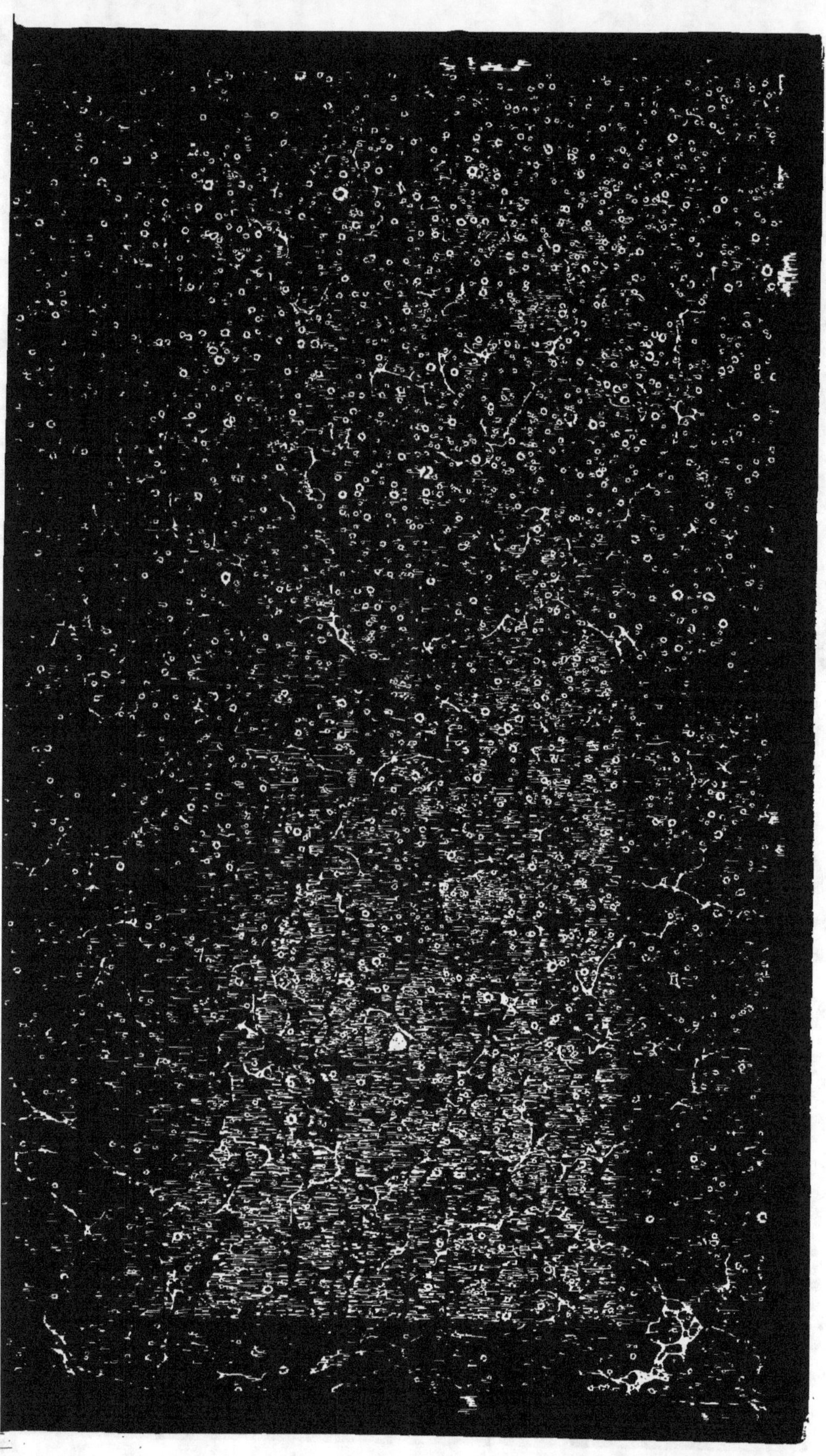